澤村修治

西郷隆盛

滅びの美学

GS
幻冬舎新書
466

はじめに

明治七年（一八七四）八月、前年の征韓論破裂で下野した巨眼巨軀の男は白鳥温泉で湯治三《ざん》昧《まい》の日々だった。湯治場は霧島山支山の山腹にある。つい先年まで参議として国政を動かしていたその男は、南九州の、町中から一週間はかかる僻遠の地にいた。かれはそこから、信頼する篠原国幹《くにもと》へ書簡を送る。意見を求められたからだ。書中、大久保利通の北京談判について、〈戦斗《せんと》の事機〉（たたかいの機）を知らずに臨めば、〈金談〉（賠償金を取る交渉）など上手く行くはずはない、と断じる。大久保は丁度、琉球民虐殺事件の処理に出かけていたのである。〈兵威〉を減じて何の談判ぞ。大久保、お前は一体、何をしに北京まで行くのか？　口舌《くぜつ》で何とかなるのか。〈呵々《かか》人笑〉なり。かれは筆鋒鋭くかつての同志に迫る。

西郷南洲《なんしゅう》は激越だった。筆はよどみなく走り、人物評に転じれば、最初の妻の弟を〈鉄面皮の先生〉と揶揄する。〈是《これ》は桃将軍にはある間敷《まじく》、ダッキョウ先生にて御座《ござ》あるべし〉。顔の面《ツラ》が薄い桃将軍にあらず。奴腹《やつばら》は剝いても剝いてもまだ皮がある辣韮《ラツキョウ》男である。陸軍少将にあった伊集院に、遠慮無く、痛烈な一撃を浴びせるのである。

「敬天愛人」の西郷、寛仁大器のかれはよく知られている。衆望帰向の実践家として一等星の明るさを持つことも周知のうちだ。とはいえその魂を探っていけば、ふてぶてしい皮肉屋、したたかな悪党もまたいるのである。読者はいずれ本書のなかで、かれの多像に出会うであろう。南島の波音が聞こえてきそうな自然児がいる。帰農する筋骨と汗の男がいる。孤峰にのぼる月のような、深甚なる静寂人、そして、最後の武士――無常に還る残影の士もまた。

本書は可能な限り、西郷自身のテクストを辿《たど》ることに努めた。英雄豪傑伝の類《たぐい》から歩を退《ひ》くためにも、西郷が直接書いたもの――漢詩、書簡、弔文など――に一度立ち帰り、それを基にかれの肖像を描いてみる方法を採った。併せて信頼できる本人の直話《じきわ》収録作を、さらには、明治を中心とした初期的一次史料を参照・引用している。引用部分は〈 〉であらわした。

西郷テクストは『西郷隆盛全集』（大和書房）と『西郷南洲遺訓《いくん》 附手抄言志録《しゅしょうげんしろく》及遺文』（山田済斎編、岩波文庫）に拠ったが、両書で表記に違いがある場合は後者を用いた。引用は必要に応じてルビをふり、漢詩および一部固有名詞や異字体を除いて漢字は旧漢字を新漢字にあらためている。なお、記述中の注記書は本書全体の参考文献にも当たり、巻末で書誌を掲げた。

西郷隆盛／目次

はじめに 3

第一章 城山残兵記 13
――明治日本は何を滅ぼしたのか

叛乱の終幕 14
日米戦争のアナロジー 15
〈骨肉相殺し、朋友相食む〉 19
西郷と山縣 23
降伏勧告の拒絶 29
一斉突撃 35
最後の戦場 38
ひとつの透明化 41
「先生すでに死せり」 44
敬天愛人 47

第二章　独立自信　51
——変革の動力を生んだもの
〈死を畏れざるの理〉　52
封建を超えて　55
〈西郷の革命〉　57
くじけぬ意気　59
水平感覚　62
「義人」伝説　66
多像の矛盾人間　70
担がれる者の心性　73
〈自由〉という小事　76
暗夜の光　77
第三章　西郷と陽明学　79
——「和風」革命家の誕生
〈俘囚〉西郷　80

新国家の構想 83
「私」の否定と肯定 86
「真空」からの出立 89
幕末の陽明学徒 92
民衆のために 100
武士のエトスとの結合 102
久坂玄瑞の選択 105
〈能動的ニヒリズム〉 106
凡人の道 109

第四章 仁俠武士《ベイヤール》の悲歌 111
――政治の冷酷と死者への思い

入水をめぐって 112
倫理面の担当者 115
〈一片の誠心〉 117
無念と向き合う 118
僧月照 120

距離の絶対性 123
高崎崩れ 125
運命の断崖 127
横山安武碑文 130
薩英戦争時の出来事 134
諫死の動機 136
弊事十条 140
腐敗堕落への怒り 144
明治の精神 147

第五章 流人西郷伝 149
——第一次南島時代

崛起する草莽 150
双系のひと 153
秩序の擁護 155
いくつもの名前 159
奄美の印象 162

〈あらよう〉 163
自然児に帰る 166
鬱屈の日々 169
苛政を批判する 173
役人膺懲事件のいきさつ 177
新所帯 181
三つの契機 182

第六章 実践者の成長——第二次南島時代 185

召還運動 186
同志の裏切り 189
再度の遠島 191
本物の流刑人 194
少数の「友」 195
土持政照の証言 197
教育者西郷 200

古さと新しさ 203
社倉設置を説く 207
豊饒なる時代 208
別れとはじまり 211

第七章 無常のなかの祈り 215

人生の浮沈 216
長州問題での転換 217
二つの尊王攘夷 220
薩長同盟 222
不思議な凱旋兵 224
四侯会議の崩壊 227
倒幕への武力行使 228
西郷の「癖」 232
位記返上 235
「隆盛」をはじめて用いる 239
〈巨大な虚像〉 241

反撥のネットワーク 244
征韓への態度 246
山里に生きる 249
農への着地 251
吉野開墾社 255
郷土主義の志向 257
「厚徳」政治を求めて 259
永遠の構想者 262

おわりに——「児孫の為に美田を買わず」について 266
引用・参照参考文献 275
初出一覧 281

DTP 美創

第一章 城山残兵記

——明治日本は何を滅ぼしたのか

叛乱の終幕

疾《と》うに帰趨《きすう》は明らかであった。

鹿児島に突入し城山《しろやま》を根拠地に定めた西郷軍は、大隊編制から小隊編制へと隊伍を変えている。軍としての錯綜《さくそう》状態を改めようとした。たたかう意志は熾火《おきび》となって燃えている。しかし西郷軍にとって、城山はもはや反転攻勢の策源地とはなりえない。城山入りする過程では、鹿児島全体を席捲して掌握するとか、長崎を陥れて新たな基地とするとか、さまざまな「策」が将官によって唱えられたことはあった。それも夢物語であり、幻化《げんか》の霞に消え入っている。

再編後の西郷軍各隊は十六から四十七人の陣容にすぎない。三万余人の動員総兵力は残兵三百余となり、そのうち銃器を有する者すら半数程度となった。そして、政府軍七個旅団相当がこれを重包囲していた。分散していた兵力を城山攻めのために結集させた。「城山合団」である。こちらは総数に諸書で異同があるものの、『征西戦記稿』（明治二十年、参謀本部陸軍部編纂課編）付録にある、戦地日表中「城山」の記載と旅団編制表の数を合わせると四万程度になる。戦力差は実に百倍を超えていた。

城山は薩摩藩政を動かした鹿児島城（島津氏居城）の裏山に当たる。この地に拠った最後の西郷軍は、すでに政府軍と〈衆寡の勢太《いきおいはなは》だ懸絶《けんぜつ》し〉た状態に至っていた。〈没落の運命は、業《すで》に已《すで》に未戦の前に決定したりき〉（明治四十二年、黒龍會本部編『西南記傳』中巻二。傍点原文）との端的な記述がすべてを物語っている。〈業に已に〉のリフレインは大巻『西南記傳』の文体の特徴だとはいえ、城山での最後の西郷軍を遠く思うとき、このことばは無限の残響をもって迫ってくる。没落の運命は「すでに」をくり返さねばならないほど自明だったのである。そうしたなか、南洲《なんしゅう》西郷隆盛とかれが率いる残兵はどのように振る舞ったのか。本章はその姿を追っていくものである。

　城山のたたかいは、西南戦争の終結となる戦闘に留《とど》まらない。明治初期に続出した「士族叛乱」ぜんたいが終幕するドラマであった。よく知られているように、この後、反政府運動は自由民権運動へと移行し、鹿鳴館時代の訪れとともに「近代」への歯車が確実に動きだす。もはや「攘夷」でも「復古」でもない。昔日の陰影をうち捨て、近代のパアッとした光に向かって、日本という国が大股で歩みをはじめる。その意味で城山の残兵が辿《たど》った運命は、以後百年百五十年の歴史に転換点を刻むほどのものであった。

日米戦争のアナロジー

　西南戦争は明治日本が経験する戦争として最大級だといってよい。戦死者の数を見てもそれがわかる。政府軍約六千八百にして西郷軍約五千。政府・反政府の双方で、同じ内戦の戊辰《ぼしん》戦争を上回るばかりか、対外戦争である日清戦争と比べても実質的にはかなり多い。日清戦争全期間での陸軍の戦死者数は、傷病死者を含めて約一万三千だが、その八割は大陸での戦闘後、台湾占領にともなって生じた。それもほとんどが戦病死である。大陸の戦死者は三千未満だといわれる（戸部良一『逆説の軍隊』）。西南戦争では政府軍の死者だけでもこの倍数以上に達していた。

さすがに日露戦争での陸軍の戦死者数約八万四千とは数に開きがあるが、このうち約二万三千は戦病死であり、旅順二〇三高地戦や奉天会戦をはじめ主要な戦闘が一大消耗戦だったことを考えれば、一年半にわたった日露戦争と、七か月強の西南戦争では犠牲者規模に決定的な差はないともいえるのである。それほどに近代日本史上、とてつもなく規模の大きな戦争であった。

『西南記傳』では西南戦争の大要を西郷軍側に立って、次のように端的に記している。

〈初め、私学校党の起つや、其勢、雷撃電掣《らいげきでんせい》、官軍を視ること孤豚を屠《ほふ》るが如く、戦へば必ず克ち、攻むれば必ず取り、向ふ所皆砕けざるなき概ありき、而《しか》して一たび田原に蹶《つまず》き、二たび川尻に敗れ、熊本城の囲を解くに及びて、御船の大敗あり、人吉戦闘以来、都城に敗れ、高鍋、宮崎、佐土原に敗れ、延岡に敗れ、連戦連敗の余、可愛嶽《えのだけ》を脱出し、鹿児島に入るに及びて、其勢已に窮せりと謂《い》はざるを得ず〉

初戦の連戦連勝から敗色を次第に濃くしていく展開。自分たちなりに理想の旗を打ち立てて進軍したが、それもいつしか虚しい夢にすぎなくなった経緯。最後には、武器弾薬の尽きるなかで、最新の装備と巨大な戦力を擁した政府軍と対峙《たいじ》することになる。味方は次第に少数となり、敵は湧き上がるように増え、あたかも世界ぜんたいを相手に孤立してたたかわねばならない状態に陥っていた。滅びの日がまもなく確実に来ることを〈業に已に〉承知して、それでも精神力をもって闘争を継続しようとした。……

これらを念頭におけば、西南戦争は、西郷軍を日本に、政府軍をアメリカになぞらえて六十数年後に起きた日米戦争と、どうしても重ねたくなってくる。滅び行く昭和期軍国日本と西郷隆盛の叛乱軍。二つの像はアナロジーの引力を生じさせる。

たとえば江藤淳はその著『南洲残影』において、圧倒的な戦備と資金をもった政府軍に、西郷軍は最初から〈歯の立つ余地は全くなかった〉と述べたあとで、昭和の戦争へと唐突に思いを馳せて、こう記す。

〈私の脳裡には、昭和二十年（一九四五）八月の末日、相模湾を埋め尽すかと思われた巨大な艦隊の姿が甦って来る。日本の降伏調印を翌々日に控えて、敗者を威圧するために現われた米国太平洋艦隊の艟艨である。あれだけ沈めたはずなのに、まだこんなに多くの軍艦が残っていたのかという思いと、これだけの力を相手にして、今まで日本は戦って来たのかという思いが交錯して、しばしは頭が茫然とした。〉

そして江藤の思いは、西南戦争の西郷に結びつくのである。

〈その巨大な艦隊の幻影を、ひょっとすると西郷も見ていたのではないか。いくら天に昇って星になったと語り伝えられた西郷でも、未来を予知する能力があったとは思われないというのは、あるいは後世の合理主義者の賢《さか》しらごとかも知れない。人間には、あるいは未来予知の能力はないのかも知れない。しかし、国の滅亡を予感する能力は与えられているのではないか。その能力が少くとも西郷隆盛にはあり、だからこそ彼は敢えて挙兵したのではなかったか。〉

こうした異様なアナロジーを呼び起こすのは、西郷隆盛の「滅び」の姿が、一つの内戦終結に留まらず、日本と日本人にとって、絶えず追想せねばならぬ歴史的体験であって、それを迫る深甚な「何か」を宿しているからであろう。「坂の上の雲」を求めて歩み、世界の大国へ立身していく、向日的な近代日本の物語を育んだ日清・日露戦争とは、ポジフィルムとネガフィルムのように異なるたたかい、それが西南戦争であった。それはアメリカ南北戦争にも比すべき、さまざまな想念を生みだした・生みだしうる根柢的動機を秘めている。

南北戦争とその敗北がなければ、ウィリアム・フォークナーのヨクナパトーファ・サーガも生まれないのと同じように、西南戦争がなければ、『南洲残影』の江藤に垂れこめた、近代日本の運命に対する切実な翳りの感覚も発生しがたい。そして西郷南洲の像は深い奥行きとはならず、遠い世代のわれわれにまで伝えようとするもの（江藤はそれを「思想」といっている）も、絶対感情まで含んだ全像とは成り得ないだろう。

その意味で、西南戦争とそれによる滅びのドラマこそ、西郷という「思想」を形づくった決定的要因なのである。滅ぶことによって、西郷は、将来の日本と日本人に向かって、絶えず問いかけを続ける希有《けう》の歴史的人間と成り得たのである。

〈骨肉相殺し、朋友相食む〉

明治十年（一八七七）二月の開戦から数え、西南戦争も七か月に垂《なん》んとしていた。八月末から次々と鹿児島入りした政府軍は、九月八日に政府軍の参軍（総指揮官）山縣有朋《やまがたありとも》の第四旅団が鹿児島入りをする。西郷軍の残兵に対峙し、政府軍は着実に戦闘態勢を整えた。その内実は、急いで攻めるに非《あら》ずして、包囲を主としたものである。各所の要害に高く塁を築き、坑道を掘った。柵を巡らし釘《くぎ》板を敷き、陥穽《かんせい》を穿《うが》つ。そして巨砲長銃をぬかりなく配置する。城山戦闘を前に西郷軍残兵を袋の鼠になるまで囲んだことについて、後年、山縣は、諧謔《かいぎゃく》を交えるようにこう語ったという。

〈其当時、私の心配したのは、若《も》し囲《かこい》を衝《つい》て、海にでも飛込まれたのでは、陛下に対して、申訳がないと思つて、十重二十重《とえはたえ》と取囲み〉（『西南記傳』中巻二）

戦争の掉尾《ちょうび》にあって、政府軍の〈取囲み〉は、保塁のないところには矢来を結んでおいたというから、〈十重二十重〉はあながち誇張ではない。ほんとうに囲みきったといってよかった。百倍超の兵力をもってしてこの慎重さはなにか。可愛嶽で西郷軍主力を取り逃がした苦い経験をもはやくり返せない事情はあった。しかし、それだけではない。敗戦を重ねた西郷軍は故郷鹿児島を最後の根拠地にした。敵の地元でたたかう無気味さが、参軍山縣の神経をとがらせていた面は看過できない。実際、西郷を慕う者は鹿児島に伏在していた。鹿児島入りした西郷軍の前軍が進むと、道路に〈喜色満面〉の〈士民〉が〈溢《あふ》れ来り〉て、政府軍の内情をかれらに通報したという（大正元年、加治木常樹『薩南血涙史』）。その情報をもとに西郷軍は、政府軍が屯集《とんしゅう》する私学校を攻撃、見事に占領を果たした一事もある。鹿児島では当然ながら、戦火のなかで民家に空き家が多くなったが、それも政府軍にしてみれば、無言の抵抗のように思えてきた。ひそかに募兵がおこなわれているとの情報もあった。

味方の政府軍のなかにも薩人は多かった。後年陸軍大将になる大山巌《いわお》、野津道貫《みちつら》（大佐、第二旅団参謀長）、黒木為楨《ためもと》（中佐）、川上操六（少佐）が従軍しており、また、のち海軍大将になる者として西郷従道《つぐみち》、川村純義《すみよし》のほか、樺山資紀《すけのり》（熊本鎮台参謀長）がいた。なにより、西郷隆盛自身の肉親・親戚が要職を占めている。弟従道は陸軍の首脳であり、西郷を師とも仰いだ従弟《いとこ》大山巌が旅団司令長官にいた。山縣とともに参軍を務める川村純義は夫人ハルが西郷の従妹《いとこ》だった。事情は西郷一族だけではない。首帥西郷の周囲を固めた将官の縁者は勿論、中心となった私学校党の同郷同輩も政府軍は多数抱えていたのである。他方、西郷軍にはたとえば東郷平八郎の実兄小倉壮九郎があり、城山で戦死した（夏陰方面隊半隊長）。平八郎は留学中だったが、日本にいたら西郷軍に参加しただろうと述懐している。こうした例をあげていくときりがない。

さらにいえば、薩人同士に留まらず、藩は違えども、維新回天事業の同志であり、戊辰戦争をともにたたかった「戦友」が敵軍のなかに多く見出された。かつて幕府の弾圧にあい、藩内での抑圧に鬱屈をなめ、テロに関わり刺客に襲われるなかで幕末乱世をともに走り抜けた者たちが、そして、鳥羽伏見戦以降は、江戸から関東、北陸、東北各地に転戦し「同じ釜の飯」をしこたま喰った同陣の仲間たちが敵側におり、かれらの顔立ちやふるまいは容易に思い出すことができた。

西南戦争は日本史上最後の、そして最大級の内戦だった。政府軍の最高指導者山縣が、敵の首帥西郷に宛てた陣中書簡のなかに、この戦争が〈骨肉相殺し、朋友相食む〉たたかいだとのことばがある（『西南記傳』）。戦闘はまさしく近しい者同士の殺し合いだったのである。敵味方に分かれた将兵にとって、同郷の縁者、同志戦友と干戈《かんか》を交えることに心痛がなかったはずはない。同じ身の半身が半身とたたかい、殺し合う。相手を「賊」とまで言って掃討を図る。その戦場は、上記書簡で山縣が〈人情の忍ぶ可《べか》らざる所を忍ぶ、未だ此戦より甚《はなは》しきはあらず〉といわざるを得ないほど、暗然たる出来事の連続であった。賊徒鎮滅の意志をもって臨んだ山縣ですら、「半身」を傷つけ死骸の山を築くことに異常な感慨を持っていたのである。

こうした感慨は、外敵が相手だった日清・日露戦争では生じ得ない。藩がちょうど国のように分断されていた封建末期に、遠征して他藩を討伐した戊辰戦争でも、日本人同士の内戦とはいえ、こうした感慨は薄いはずだ。ともに維新革命をたたかった仲間なのに、半身が半身と相《あい》対《たい》し、死闘をくり広げた。屍を九州の山野に折り重ねた。ここに西南戦争の異様な姿がある。将兵に複雑な葛藤が生じるのは当然であった。

　そしてまた、城山の山縣は心ひそかにおびえていたのだ。おびえの理由は、ほかでもない。残兵のなかに西郷隆盛がいたからである。

　二人は維新運動の決定的な局面で深い関わりを持った。薩摩と長州という敵対藩にあって、それぞれを代表して駆け引きの丁々発止をおこなった。そのなかで山縣は、西郷という人物の底知れぬ人格影響力を理解した。ひとびとを結集させ、行動へと飛躍させるかれの磁力を知った。その西郷といま自分は対峙している。寡兵となった城山の敵の中心にかれがいるのだ。物量や戦力だけでは測れない「何か」を生みだすその力量をわかっているだけに、無気味さはいや増していたのであった。

西郷と山縣

　山縣有朋は天保九年（一八三八）、足軽以下の下級武士の子として萩に生まれた。藩から京都に派遣されたときに久坂玄瑞《くさかげんずい》の知遇を得、山縣の生涯に別景の扉が開かれる。久坂の縁で松下村塾に入り尊王攘夷運動に挺身することで、かれは、日本史の舞台に立つ存在へと立身していく。松陰門下というのは維新成就後に決定的なキャリアとなった。ゆえ山縣はくり返しその立場を語ったが、実のところ松下村塾入塾は吉田松陰が野山獄に繋がれるふた月前にすぎない。

　文久三年（一八六三）、英米仏蘭連合艦隊との戦闘（馬関戦争）のさい、奇兵隊の壇ノ浦支営司令となり、四か国連合軍にこてんぱんにやられてしまう。砲撃をする相手に向かって槍をしごいて出て行ったという話もあり、滑稽というしかない姿がこのとき「攘夷」の内実であった。味方の奇兵隊はみな逃げてしまい、連合軍の陸戦隊に大砲まで奪われたというから、お粗末なたたかいというのみである。それしかできなかった小物の司令官が、後年、西南戦争で万単位の政府軍を動かす陸軍のリーダーになろうとは、本人すら全く想像できなかったに違いない。

山縣と西郷は武力倒幕を目的とした薩長同盟（慶應二年一月）の成立にともに関わった。同盟成立から翌慶應三年にかけては、倒幕をめぐる駆け引きが複雑な様相を見せる。三年年初より薩摩藩は新たな政権運営の方途を探って雄藩連合を画策していた。薩摩・越前・土佐・宇和島の四藩が政治を主導する構想であった。これは公武合体の流れに立つ開明派連合であり、武力倒幕にこだわる尊王長州とは一線を画す連合体だった。西郷はこの動きに深く関わっている。

そのうえ薩摩は同年六月、坂本龍馬の公議政体論をもとにした薩土盟約を土佐と結ぶ動きもしている。当時の土佐は比較的穏健な政権移譲派であり、長州の武力倒幕構想にははっきりした距離感を持っていた。薩土約定書には議事院上下を設立する構想や、諸侯会議、人民共和のことばもあり、一読、龍馬の有名な「船中八策」に類似した内容だとわかる。いわゆる共和主義ではないが、公論を重視する発想であった。こちらの動きにも西郷は決定的な役割を果たした。

同盟を結んだ長州から見れば薩摩の二股と疑わしい工作の中心に、どのときも西郷隆盛が座していた。こうした双像を前にして、西郷の戦略家性を指摘する向きは多い。道義と約束を重んじる西郷隆盛と、マキャベリスト西郷。政治の乱流のさなかにあって、ふたつの西郷は確かに在った。そして、着地点はどこなのか、情勢を見計らいながら探っていたのである。西郷はなにより、苛立ち、不審を抱くはずの長州に配慮する必要を認めた。実際、山縣は薩摩の真意を問い質《ただ》そうとしていた。

ここで西郷がすかさず動く。四藩侯会議の成り行きが注視されるなか、山縣と品川弥二郎を薩摩の藩主代理・島津久光に引見させる策に打って出るのだった。その場で久光の口から決意を聞かせ、薩長同盟の誓約を改めておこなうことで、長州の疑義を解消させた。西郷自身も山縣を訪ね、倒幕の決心を改めて告げている。また、薩土盟約のさいは、その内容を山縣・品川に示し長州の意見を求めた（七月七日付、両人宛西郷書簡）。

十年後、城山の山縣にこのときの経緯が去来しないはずはない。維新直前の難解な政治情勢のなかで腹を割って談判した相手を、自分はいま、「賊魁《ぞくかい》」として滅ぼそうとしている。複雑な状況下、説明責任を果たしえた器量人に対し、いま自分は数知れぬ銃口を向けている。この事実に心深く痛みのようなものを覚えないほど、山縣有朋という男は冷酷人ではない。

西郷と山縣には、維新事業をめぐってほかにも関係がいくつかある。戊辰のたたかいのさなか、ふたりは同じ「官軍」にあって戦場で邂逅《かいこう》していた。

明治元年（一八六八）四月に江戸開城があり、徳川慶喜が水戸に退隠する。しかし旧幕府側勢力の抵抗はこれからが本格化した。入城した江戸では彰義隊《しょうぎたい》が武力抗戦の意をあきらかにし、五月には奥羽越列藩同盟が結成されるとともに、政府軍はついに彰義隊と戦火を交える（上野戦争）。「官軍」だといっても国内の一部を掌握しているに過ぎず、まだ危うい存在である。日本はこのとき、蜂の巣をつついたような内戦状態に陥っていたのだ。

なかでも北陸の情勢は緊迫していた。新発田、村上、長岡といった北越諸藩が会津、米沢といった奥羽列藩と同盟を結び、武力抗戦の中心地となる。政府軍は薩摩の黒田清隆、長州の山縣有朋が参謀となり戦闘をくり広げたが、苦戦していた。北越戦争は戊辰のたたかいのなかでも苛酷なものであり、「難儀は越後」ということばが生まれたほどである。長岡の河井継之助《つぐのすけ》が名将ぶりをいかんなく発揮して政府軍に逆襲したエピソードは有名だ。このたたかいの山縣といえば、立見鑑三郎（のちの尚文《なおぶみ》。桑名藩）の率いる雷神隊に襲われて逃げ出すという、軍人として恥辱の負け戦も経験している。

苦戦続きの状況を憂慮した維新政権は、西郷隆盛を呼ぶことになった。

上野戦争を指揮したのち鹿児島に戻っていた西郷は、温泉療治に努めていた。維新事業の緊張の連続がかれの健康を損ねていたのである。七月二十三日、そんな西郷に北陸行きが求められた。薩摩藩北陸出征軍の総差引（司令官）を任命されたのだった。春日丸で鹿児島を出航するのが八月六日。なおこの四日前、西郷のすぐ下の弟吉次郎が北越・五十嵐川の戦闘で腰に弾丸を受けて負傷、兄隆盛が越後柏崎に到着（十日）した四日後、傷を悪化させ高田の病院にて歿《ぼっ》する。

隆盛にとって、吉次郎への恩は深い。嘉永五年（一八五二）、七月と九月に祖父と父を相次いで亡くした満二十四歳の隆盛は、家督を相続し家政の中心に立った。若き西郷の両肩にのしかかったのは、弟妹六人を含む大家族と困難な家計だった。追いかけるように、十一月には母が亡くなる。このとき苦境に陥った西郷家にあって兄を助けたのは、六歳下の、明敏な弟吉次郎であった。兄を補佐し、ときに兄に代わって家事負担を堅実におこなった。この賢弟は〈終日農事を営み馬を畜ひ幼弟を養育〉（明治二十七年、勝田《かつだ》孫彌《まごや》『西郷隆盛傳』第一巻）し、ともすれば不如意となる家計を支えたという。西郷が島津斉彬《なりあきら》に用いられて以来、国事奔走者として存分に働けたのは、家政で隆盛の役割を代行し、後顧の憂いをなくしてくれた吉次郎あってのことだった。それは西郷南洲自身が痛いほどよくわかっている。

西郷の、吉次郎への信頼をあらわすことばとして、次のものが伝わっている。

〈兄弟は先きに生れたるを兄として尊敬し、後に生れたるを弟として愛憐するを世の常とす。

是は兄が先きに生れて世事に通ずること弟に優るためなり。されど今吾の身を省みるに、性質愚鈍にて、諸事却て汝に及ばず。今よりは汝を以て兄とせむ。〉（『西郷南洲遺訓《いくん》』収録「逸話」）

隆盛にとって、吉次郎はまさに「兄」であった。その大事な「兄」をかれは亡くしてしまったのだ。武士の家に生まれた兄弟ゆえに、一朝事《いっちょうこと》あるときにはともに戦場に立つのは必定である。戊辰戦争のときも隆盛、吉次郎、信吾（のちの西郷従道）、小兵衛《こへえ》の四兄弟は揃って従軍した。参戦に臨んで兄弟は、戦死第一の功、負傷第二の功、生還第三の功と誓い合ったという。命を惜しんではならずとの、武門の男として当然の誓いであった。とはいえ、かけがえのない存在だった弟を永遠に失ったことに、武門人のたしなみを超えて深い痛惜の念が襲ってくる。〈翁（西郷のこと）は痛く之を悲んで、飲食殆《ほとん》ど喉《のんど》を下らざりし〉と上記「逸話」は記す。悲歎にくれた兄は、せめてもの供養として、吉次郎の墓を預かる日枝《ひえ》神社（高田）に祭祀料三千疋を遣わしている。

吉次郎供養が一段落して、西郷隆盛は越後松ヶ崎に滞陣する。このとき越後はおおむね平定されていた。次は会津、米沢、庄内、秋田である。薩摩藩兵総差引の存在は重い。政府軍の参謀たちは遠路を往復して、本営から西郷のいる松ヶ崎本陣にやってくる。黒田清隆、吉井友実《ともざね》に加え、山縣有朋もその一人であった。

山縣の政府軍での位置はこのとき、西郷の指揮を仰ぐ立場にあったのだ。面談したかれらは、戦局の分析と作戦の立案を専《もっぱ》らとした。薩長同盟時の「旧友」山縣を迎え、西郷はどのように語りかけたのか。打ち解けた遣り取りもあったろう。

西郷と山縣。ふたりはほかにも、維新期の政治の動きのなかでいくつかの関わりがあるが、武職者同士ということでは、北越での親しき出会いと、城山での対峙のドラマがとりわけ関心を引く。山縣にとって、西郷はどこかで真情が繋がっていると思えた相手であった。城山でもこの思いは変わっていないはずだ。烈しい戦闘の果てに、西郷を「賊」として滅ぼそうとしている山縣の葛藤は、魂をわしづかみにされる苦痛に満ちていた。〈有朋が君と相識るや、茲《ここ》に年あり、君の心事を知るや、蓋《けだ》し又深し〉〈旧朋の感は、豈《あに》一日も有朋が懐に往来せざらんや〉。これらの文は、山縣が西郷に書き送った前記陣中書簡のなかにある。苦境にあってその心を知り、信じるに足る友と認めた在りし日の感情は、どうしても山縣の胸に去来してならなかったのである。

降伏勧告の拒絶

城山をめぐって布陣した政府軍は、〈団ヲ守ルヲ第一トシ攻《セメ》テ破ルヲ第二トセサルヲ得サル〉（『征西戰記稿』）との考えで臨んでいた。守り第一、攻め第二。相手の戦力は三百で銃を持つのもその半数だったというのに、軍艦からおろした備砲まで設置し、明治十年九月十九日には全軍の配備を完了する。あとは最後のたたかいをいつとするか、であった。

一方の叛乱軍はまさしく「檻中の虎」であった。こちらは攻め専一しかあり得ない。支援なく孤立し、逆転の策は尽き果て、しかも手負いだった。爆弾食糧の欠乏もはなはだしい。虎ではあったが、かれらはもはや「飢えたる猛虎」ではない。戦場ゆえに攻撃精神こそ果ててはいないが、それも張りつめるだけ張りつめ続けた結果、痺れるような精神の虚脱のようなものまでに至っていた。それは城山陥落で最後の西郷軍が全員討ち死にをした訳ではなく、半数近くが捕虜となったことからもわかる。城山の残兵たちの過半は、たたかう意地すら尽きてしまうほどの絶対敗者に行き着いていたのである。

かれらは満身創痍のまま運命の声を聞こうとしていた。城山が陥落し、叛乱が潰《つい》えるのは時間の問題であり、それは「虎」たちもわかっていた。だとしたら、叛乱軍とその首帥西郷隆盛は、時満てりと従容《しょうよう》たる死に就いたのか。

最後の戦闘の事情を記す前に、城山での西郷軍が政府軍に軍使を送った一事を示しておこう。

百単位と万単位という兵力差があり、鼠の這い出る隙もない、と比喩できるほどの厳重な包囲になって、西郷軍のなかに政府軍への「使節派遣」の議が立ち起こったのは、ある意味当然かもしれない。

九月二十一日、河野主一郎《こうのしゆいちろう》（岩崎口本道隊隊長）と山野田一輔《いっぽ》（二の丸内隊隊長）は、白旗を挙げつつ政府軍の哨兵線まで辿り着いた。

かれらの来営事情は文献によって異同があり、ここではより古い、政府軍側の記録『征西戰記稿』の記述をみてみよう（第六十四「城山戰記」）。現代語に訳しながら紹介していく。

来営した敵の隊長、河野と山野田は「情願するところあり」と言った。まずは警視に託して監護し、翌二十二日、かれらの主張を聞くことにした。かれらはこう述べた。

「大久保（利通）参議と川路（利良《としよし》）大警視は、西郷大将を刺殺しようと謀った。これゆえ西郷大将は政府に尋問しようとして、桐野、篠原の両少将とともに、上京の途についた。しかし、熊本にて官兵に道を遮《さえぎ》られたため、やむなく交戦に至ったのである。それ以来、各地を転戦し今日に至っているが、何によってこうした戦闘になったのか、明瞭にその理由を伝えるために自軍の営を出てやって来たのだ」

二十三日早朝、政府軍はかれらに返答した。

「国には法律があり、裁判がある。疑わしいことがあるなら、そこで実否曲直を正せばよいではないか。西郷暗殺のことについても同様である。事実かどうかを明らかにしたいのなら、一枚の告訴状をもってすればいいのであって、いたずらに大衆を動かし政府に迫ろうとすれば、政府としてこれを討伐するのは当然である」

〈大衆ヲ動カシテ政府ニ迫ラントス〉が原文であるが、「陸軍大将」として兵馬を動かしたという西郷側の立場に対して、「大衆」を動かしたに過ぎぬとの位置付けは、政府側の観点を明示している。西郷一党は一片の正当性もないまま衆を集め兇器を弄しただけだ、という訳である。ゆえに政府軍にとって、かれらは端的に「賊」と言われるばかりの存在であった。

政府軍は最後に河野・山野田に告げた。

「どうしても情願したいというなら、まずは投降して、哀請すべきだ。それ以外の道はない。帰ってその意を自軍に伝えよ。本日午後五時を期して、それを過ぎたら、いかなる情願も容れるつもりはない」

降伏しろ、という訳である。政府軍は河野を留め、山野田を送り返した。

この「情願」の経緯について、黒龍会の『西南記傳』の記述では、川村純義参軍が応対を中心的におこなっている。川村は使者二名にこう言った。

〈足下にして果して飄然《ひょうぜん》悟る所あらば、宜しく城山に還《かえ》りて、之を西郷隆盛に告げられよ。若《も》し西郷隆盛にして、余に言はんと欲する所あらんか、速《すみやか》に余の陣に来られよ〉

午後五時までと区切って再情願の余地を与えたのは、西郷隆盛本人が来ることが条件だったと取れる。首帥自らが来いというのは、西郷軍はただちに敗軍となれ、と言うに等しい。川村は義理の従兄・西郷に絞り、その行動を求めた。鹿児島で徳望高いこの巨人が降りるのなら、事態を収拾できると踏んだのであろう。

しかし、午後五時に至っても一切の動きはなかった。西郷軍はかれらなりの大義名分をもってひとびとを戦闘に向かわせ、多くのたたかいのなかで数え切れない屍《しかばね》を横たえさせた。西郷の末弟・小兵衛も、二月二十七日の高瀬のたたかいで戦死している。かつて鳥羽伏見戦ですぐれた「兵」であることを示し、兄隆盛をして〈六日八幡の戦いにては余程相働き申し候〉（川口量次郎宛書簡）と喜ばせた弟。奥羽に転戦してここでも功があった小兵衛。その愛弟を吉次郎同様、兄は戦場で亡くしてしまったのであった。

もちろん小兵衛だけではない。仲間を多く失った。そして、いまや没落は必至である。滅びることがわかっていながら、自分たちは運命の道を進んで行く。滅びることによってしか、伝えられないものを伝えるために。そう心に決めている。ならば、ここで投降などできようか。それが武職者西郷の、そして西郷軍に集う士族的矜持《きょうじ》を高く保った者どもの、当然の思念であった。

西郷は、還った山野田から川村のことばを聞いて、本営でただ一言、諸将に言ったという（『西南記傳』）。

〈回答の要なし〉

これですべてが決まった。〈一軍皆決死の議に決したりき〉（同）である。

両手を束ねて降伏を乞うとは何事ぞ、そこまでして生を偸《ぬす》むとは何事ぞ、われらたたかうのみ。意気堅固だった桐野利秋は、「情願」行動がおこなわれていたさなか、すでに西郷の名で次の檄を発していた。

〈今般、河野主一郎、山野田一輔の両士を敵陣に遣はし候儀、全く味方の決死を知らしめ、且つ義挙の趣意を以て、大義名分を貫徹し、法廷に於て斃《たお》れ候賦に候間、一統安堵致し、此城を枕にして決戦可致候《いたすべくそうろう》に付、今一層憤発し、後世に恥辱を残さゞる様、覚悟肝要に可有之《これあるべく》候也

九月二十二日　西郷吉之助

各隊御中〉

使者は味方の決死を知らせ、義挙の意味を伝えるためである。方々、思い残すことなく、一緒に決戦に向かおうではないか。われらが「西郷さん」と死に処《どころ》をともにしようではないか。
——桐野の雄叫《おたけ》びのようなものが陣中を走ったのである。

一斉突撃

『薩南血涙史』は薩軍（西郷軍）側の従軍者証言集であり、表題にはやや驚かされるけれども、証言の選択・紹介の仕方は適切になされ、信頼できる大巻だといえる。現段階で最新版の『西郷隆盛全集』（昭和五十一〜五十五年、大和書房）でも、〈史料としての価値は高い〉と特記される。一般に戦記は、勝者側で充実し敗者側は散逸する傾向にあるが、西南戦争も同様で、勢い政府軍寄りの情報が集まり、そこから叙述される結果になる。この偏りの弊を念頭に、同書を、中立的な『西南記傳』や政府側の『征西戰記稿』とともに参照しながら、以下、最後の南洲と西郷軍の姿を描きだすことに努めよう。

帰営した山野田から政府軍の二十四日払暁《ふつぎょう》の攻撃を聞いた西郷軍一同は、決戦前二十三日夜、城山籠城地のあちこちで思い思いに会合し、〈或《あるい》は慷慨《こうがい》悲壮の詩歌を朗吟《ろうぎん》するものあり或は時世を慨歎《がいたん》し其壮絶を極むるものあり〉と、生の残照に浸った（『薩南血涙史』、以下しばらく、特記を除き同書に基づく）。

狙撃隊長蒲生彦四郎の営では、薩摩琵琶の響きと歌が聞こえたという。それは深夜に至るまで続いた。
歌を詠む心得のある者は、堡塁《ほうるい》にあって一首を賦した。
〈君が為おもひ立田の薄もみち時雨《しぐ》れぬ先に散《ちる》ぞ嬉しき〉（中島健彦《たけひこ》）
〈露ならば草の葉《は》末《すえ》もある物を今は我身の置《おき》ところなし〉（橋口春岑《はるみね》）

最後のたたかいのあと、死者百五十七名のなかに二人の名がある。健彦三十五歳、春岑三十四歳。未来のある年齢であり、痛ましさ限りなしというしかない。

他方、政府軍は二十三日夜、陣内にあって海軍軍楽隊による演奏をおこない、〈煙火戯〉を演じたという（『西南記傳』）。花火をあげたというが、景気づけなのか、最後のたたかいを前に別れを惜しむ名残の遊戯なのか。

絶対優勢だった政府軍の兵士とて、戦場に立つ以上、死出の覚悟を抱くのは西郷軍残兵と変わりはない。鹿児島の俳人・脇野《わきの》素粒《すりゆう》は祖母から聞いた話として、こう伝えている（『流魂記』）。

城山を囲む地にあった脇野の家は、政府軍の宿舎代わりとされていた。脇野の一族はことごとく西郷軍に味方しており、祖父も荷駄役として西郷軍に参じている。臨月の身でもあった祖母はずいぶんと心許《こころもと》なかったが、いよいよ総攻撃だという二十四日の未明、出兵する政府軍兵士のために握り飯《めし》を供した。しかし、みなほんの一口ずつしか食しない。完全に一個を食べたのは隊長格の男だけで、かれはやがて脇野の祖母に言った。〈この家から十名ともに総攻撃に参加しますが、一人ぐらいは生きて帰るでしょうから、その時は御供養をたのみます。〉張りつめた気持ちで、多くは飯が喉を通らなかったのだ。総攻撃を前にして、生きて帰れぬという思いが兵たちの心を占めていた。城山での最終決戦日は、両軍どちらの兵にとっても、まさしく死出となる断崖の日であった。

明治十年九月二十四日午前四時、三発の号砲をもって総攻撃がはじまる。政府軍は叛乱軍の籠城場所へ突入した。寡兵孤軍に向かって大津波のように大兵団が襲いかかる。

政府軍別働第二旅団が攻める夏陰口の塁がまず敗れた。次に別働第一旅団が突撃した新照院越の塁が攻め滅ぼされた。藤井直次郎率いる城山藤井隊は必死の抵抗をしたが、四一分で滅びる。

後ノ廻は城山中心部にして、西郷隆盛、桐野利秋《としあき》、別府晋介ら幹部一行がいた洞窟も近い拠点だった。ここには市来矢之助隊と園田武一隊が政府軍を待ち受け、両隊は山頂の塁に拠って必死の交戦を試みた。しかしそれでも一時間余で同じく滅びの道を辿る。

城山西南部の大手口は高城《たき》七之丞、堀新次郎らが守っていた。敵の攻撃はすさまじく、防ぐのも限界に達したとき、堀は部下にこう言ったという。

「事ここに至った。子《し》ら、もし敵に降《くだ》るのならば降れ。死せんと欲する者はここで死すべし。西郷先生を死に至らしめるのは国家のために遺憾というしかない」

堀は刀を抜いて地を数回斬った。そこに政府軍の兵士が襲いかかってきた。堀は最後の奮闘をして一人を斬り、これを華として戦死する。

大手口が敗れたとき、西郷軍の防塁は岩崎口を除いてことごとく落ちていた。西郷隆盛一行の岩崎口一塁が残された。三百の残兵はもはや十の単位となった。そのなかに南洲がいる。岩崎口の山上を占拠した政府軍は一斉射撃を谷中に加え、まもなく突撃がおこなわれた。突入してきたのは第四旅団の二中隊計三百二十一名と、援隊一中隊百三十二名、総計四百五十三の兵士である（『征西戰記稿』）。三方面から西郷一行の聚《じゅ》する地点へと迫った。

最後の戦場

南洲が世を去る間際の言葉は有名だが、多少の異同がある。『西南記傳』に従うと、こうなる。

〈晋殿《しんどん》、晋殿《しんどん》、最早此処《もーここ》でよかろー〉

ここで発された「もう、よかろう」の言は、実は直前の南洲の言葉を受けており、唐突にあらわれたのではない。南洲は「まだだ、まだだ」を言い続けたのちに、「ここでよかろう」に至ったのだ。なお、晋殿は別府晋介のことであり、後述する。

西郷、桐野、別府、そして村田新八、池上《いけのうえ》四郎、邊見十郎太、桂久武ら四十数名の将士は、潜んでいた洞を出て岩崎谷に整列し、岩崎口へ向かって行軍した。圧倒的な敵の勢いをみて、國分壽介が唐突に自刃する。それを見た桐野が、「なんとまあ、気の早いお人だ」と言う（『薩南血涙史』）。小倉壮九郎もここで自刃した。桐野はかれに対して思わずこう嘆いた。〈噫《ああ》、好漢、何ぞ其死を急ぐの甚しきや〉と（『西南記傳』下巻二「小倉壮九郎傳」）。

弾丸は雨あられというより、〈急霰《きゅうさん》の如く〉（『薩南血涙史』）といったすさまじさであった。桂久武が流弾に当たって斃れ、ほかにも斃れるものは相次いでくる。

一方的な戦場のようだが、次の分析もあり念頭に置く必要がある。

金子常規著『兵器と戦術の日本史』（昭和五十七年）は西南戦争時の政府軍の弾丸消費量から類推して、単純計算では約二千発で一人の西郷軍兵士を殺傷したことになる、と説明している。日露戦争では約五百発に一人の殺傷という計算なので、政府軍側の銃器熟練不足が四倍の差を生んだことになる（著者金子は旧陸軍士官学校砲兵科出身、自衛隊幹部学校にて教鞭をとった）。

城山で〈急霰〉となって撃ち込まれてきた銃弾も、「二千発に一発」しか致命傷にならない。確率的には滅多に当たるものではなかった。政府軍は圧倒的な兵力と弾薬を擁したが、いわば乱射をしているだけだった。ゆえに西郷一行四十余名もばたばたと被弾していったのではない。南洲最後の戦場には、一種の膠着《こうちゃく》状態があったともいえるのである。

そうはいっても、敵の勢いには猛にして急なるものがあった。西郷隆盛は別府晋介と邊見十郎太が前後を守って進んでいた。このとき、邊見が言うのである。〈もー、ゆはごはんすのーか〉（もうここで、いいのではないか）。そう自裁を主張すると、西郷南洲は〈未《まだ》だし〉と答え、本道に出て倒れなければ戦死とはいえないと断じた（『西南記傳』）。「もういいとは言わん」であった。「まだだ」であった。

「本道」とはたたかいの中心地という意であろう。別の言い方をすれば敵により眼前する場所である。西郷を囲んだ一団は、その只中へとじりじり進んでいく。

西南戦争というたたかいは、もとより終始、政府軍が叛乱軍を軍備で圧倒していた。動員兵力は約六万で西郷軍の倍数であるし、海軍力に至っては、軍艦十一隻を有する政府軍に対し西郷軍は若干の輸送船を持つのみで、事実上多対ゼロだった。とはいえ、政府軍は決して「強かった」わけではない。金子前掲書は、〈西軍（薩軍）が官軍の十分の一の弾丸にもかかわらず、優勢した白兵力でほぼ同等に近い損害を与えたことは、評価されるべきである〉と指摘する。

政府軍は白兵力に欠けていたのだ。乱戦となり直接斬り結ぶことになれば、西郷軍兵士の抜刀の前に立つ政府軍徴兵の劣勢は明らかだった。

城山の最終戦闘でも、雨あられだろうが「二千発で一人」の殺傷力にすぎず、政府軍突撃で斬り結ぶ展開になったら、優越した白兵力がこちらにある。もう一回、「本道」でのたたかいができるのではないか。そう西郷は思っていたのか、どうか。あと一戦やろう、それから戦死しようではないか。西郷はかすかに、そう考えていたのかもしれない。

ただしこのとき、自軍有利の白兵戦に持ち込める可能性は消えていたといってよい。敵は圧倒的な火力を使うだけである。しかも、最後に刃を合わせるのは幼弱な徴兵ではなく、西郷軍なみの白兵突撃力をもった精鋭であった。

滅びのときが寸刻の先に近づいていた。弾雨は三面ですらなく次第に四面から集中するようになった。四方八方、火器を持った敵だらけである。状況は誰が見ても、「もはやこれまで」というしかない。邊見は再び南洲に決意を迫る。しかし、再び南洲は言った。〈未だし、未だし〉。

ひとつの透明化

西郷の生涯を追っていくと、生に執着する面は薄かったことにすぐ気がつく。維新者西郷が生死を超越する達観の士だったことは、かれの文章や発言、エピソード、そしてかれに接した人間の証言からも疑いようがない。武家の男子としてのたしなみは当然あったろう。陽明学や禅の影響もあったはずだ。それとともに、死の誘惑にとらわれやすい生来の気質も指摘しておかねばならない。

実のところ、西郷には「死に癖」があると周囲の者にいわれていた。大久保利通の随行者だったある老人は、かつて、上原勇作元帥（と記憶する大官）と語りあっていた。上原は都城藩出身、陸軍大臣も務めた明治末から大正期の有力軍人である。いつしか話題は西南戦争となった。西郷はなぜ西南戦争を起こしたのかという老人の問いかけに、相手は、〈世の中を突き抜けてしまつて死にたくなつたのだらう〉と答えた。これは阿部次郎の伝える逸話だが、自在なものながら名解答である。どのような「なぜ」に対しても、「死にたくなったのだ」という端的な説明が西郷南洲にはぴったり来ると思えるからだ。かれの精神性の奥底に、悲哀の湖が、メランコリアの無限発生体がある。筆者はそう見ている。

渡辺京二は西郷の離人癖のようなものを指摘する（「西郷の人ぎらい」）。西郷南洲は、〈ある種の人間の存在のしかた〉について、どうしても許せないという態度を示すことがあった。生まれながらにデリケートな感情を宿しており、それがこうした感情表現に繫がっている。周囲の人間に対する「思い」が深くなると、「まともな人間」を求めすぎてしまう。その結果、対人関係自体にうとましくなることがある。西郷の離人癖はそこから生じているのだと筆者には思われる。かれは確かに、一面、人間嫌いが膝を抱えている世界の住人であった。つまりかれは孤独だったのだ。茫洋とした姿、寛仁大器の人物像は、現実の西郷とは多少のズレがあり、自省によって後天的に確立した面は否めない。「こんなくだらない人間がうようよしている世なら、いっそ離去してしまいたい」。そう思って高踏勇退の癖を出す西郷、あさましい人間ばかりであることに嘆息し、生きていることの悲哀に傾く西郷である。それは「死に癖」にまっすぐ繋がっていた。

〈死にたくなつた〉西郷、人間嫌いで、孤独癖の持ち主・西郷、早くこの世から消えてしまいたいと願った西郷。それなのに、ほんとうの死の門口《かどぐち》に立った城山で、かれは〈未だし、未だし〉と言い続けた。最後の南洲は、逆に、死に急ぐ人間ではなかったのである。気の早い自裁者ではない。滅びのときに至り、ほんとうに「死」を迎える段になって、むしろかれは「まだだ」をくり返していた。

残兵を率いる城山の西郷軍将士にとって、死が間近である状況はもとより変えようがない。〈未だし〉をくり返す西郷は滅びを目前としていた。ようやく来るべきときが来たのである。「死に癖」の男が宿命を引き受けるときであった。

このとき南洲の精神に、ひとつの透明化が起きたのである。ある念をずっと抱いたままでいると、いざ決定的な場になったとき、そのこだわり自体がふとかき消える。念が消え自在が残る。死地の西郷はこうしてある境地に達した。そうか、ついに来たか、だったらしばし、そのときを愉しもうではないか。西郷南洲の最後の言動は、そう平気で言える精神から発したとも考えられる。絶対敗者、必滅のきわにあって、西郷は自身の運命が導いた最後の場面を、面白がってさえいたのではないか。

南洲は今しばし、おのれの生の息づかいを求めた。旦夕《たんせき》の命《めい》を旦夕のままに置き、放念した。それはまるで、生死というものがあることさえ「はて存ぜぬ」といわんばかりであった。

「先生すでに死せり」

西郷南洲の〈未だし〉が途絶えたのは、被弾がきっかけである。確率は二千分の一でも、飛び交う弾丸の絶対数ゆえに、「檻中の虎」が小確率の餌食となるのはそう遠い先ではない。

被弾した西郷は跪坐《きざ》したままだった。跪坐とは正座から爪先を立てた状態で、格闘技で座るときによくある、瞬時に立ち上がれるための姿勢であった。士族として自然に取った構えではあろうが、銃弾の傷重く、西郷はこのとき立つこと叶わぬ身体だった。ついに機が到来したのを認め、別府晋介に介錯を頼む。〈もー、ここでよかろー〉と。

別府は〈そうでごはんすか〉と答えた。かれにしても負傷して満足に動けず、輿に乗ったたまま移動している有りさまである。助けを求めず自力で輿から出て、〈ごめんなつたもんし〉と言うと、一気に斬首した。

別府晋介は弘化四年（一八四七）に鹿児島吉野村で出生した。桐野利秋の従弟に当たる。薩摩藩士として戊辰戦争に従軍、奥羽地方を転戦し功があった。明治維新後は陸軍少佐となり、征韓論がたけなわとなった明治五年には韓国に赴き、韓服を着て内情を偵察した。帰るや桐野に向かって、〈鶏林八道（朝鮮全土を指す）を蹂躙するは、我二三箇中隊にして足れり〉と叫ぶように言ったという（『西南記傳』）。陸軍人としての自負のなせる発言であろう。士官以下軍曹、曹長と官棒を平均に分配した話が伝わっており、士卒と艱難《かんなん》をともにする態度を一貫させた西郷隆盛と相通じるものがある。

西郷はこの清廉の後輩を好み、別府もまた西郷を尊敬し、その出処進退の純なるを信じた。ゆえに別府は明治六年、西郷に従って軍の職を辞し鹿児島へ帰るのである。そして、故郷で私学校の創立に尽くした。

西南戦争が起こると、当然のことのように西郷軍に従軍する。開戦ひと月後の明治十年四月、別府晋介は八代の政府軍を襲った。しかしたたかいに利あらずで、人吉へと軍を退《ひ》く仕末と相成った。別府自身も重傷を負ったのである。このとき西郷は人を遣わしてかれを慰問した。兵力乏しい事情を指摘し、「敗戦も意にすることはない、まずは療治して身体の回復をなされよ」と伝えた。このことばは別府を感動させた。『西南記傳』によれば、「どんな良薬にも勝り、苦痛を忘れた」とかれは語っている。

西郷への敬愛の念強く、生死をともにしようとした別府は、城山残兵のなかにあっても、西郷の側を離れなかった。そして二十四日払暁、政府軍の総攻撃を迎えるのである。

別府晋介が死を介《たす》けたのち、西郷の首級は従僕吉左衛門《きちざえもん》によって埋匿させられた。その場所は折田邸門前、島津邸前溝下、竹藪の中など諸説ある。西郷首級が埋められたのを確認し、別府は堡塁へ戻り、仲間に向かって叫んだ。「先生すでに死せり」と。

『薩南血涙史』はこのとき、中島健彦と思われる将が別府に問うたと伝える。

「首級は何処に?」

別府が「隠匿した」と答えると一同は心を安んじ、この世の見納めとばかりに奮戦をおこなった。

城山のたたかいで桐野利秋と村田新八が見せた最後の姿は、薩摩武士の肝の据わり方をあらわす逸話であろう(『西南記傳』下巻二「薩軍諸士傳」)。岩崎谷にあった桐野は、銃を手に全面の敵を狙撃する。うまく命中すると、「豊後猪を射るようだ」と大笑した。桐野は童心のなかにいるが如しであった。村田新八がその傍らにあって、見事見事とこれを賛したという。この暢気《のんき》ともいえるふたりの様子は、「滅びのときよ、来るなら来い」とばかりの達意に包まれている。

こちらも南洲の〈未だし〉と同じく、滅びを愉しむ放念と余裕の只中にある。

午前四時にはじまった戦闘は同九時には終わった。砲声は鳴り止んだ。追って、盆を傾けるかのごとき猛雨が走ったと『西南記傳』は記している。

『征西戰記稿』は〈塁ヲ距《サ》ル十余歩一肥大ノ死屍ヲ得タリ〉として、政府軍が西郷の死を確認した様子を次のように記す。


〈之ヲ検スルニ右腕旧刀瘢アルヲ以テ其昔ハ維新ノ元勲ニシテ今ハ逆賊ノ巨魁タル西郷隆盛ナルヿ《コト》ヲ知レリ〉


巨軀であることに加え、青年期につくった刀傷が決め手になった。

屍には頭部がなかった。

そしてまた、塁に積まれた屍のなかに、桐野利秋、村田新八、邊見十郎太、池上四郎ほか〈賊中屈指ノ人物十余人ヲ得タリ〉と『征西戰記稿』は記している。

敬天愛人

西郷の首級は政府軍遊撃隊の兵卒前田恒光が探りだした。重傷を負った西郷軍の兵士を尋問し、百方探索した結果、ついに砂泥のなかからこれを得た。

その報を受けて、参軍山縣有朋が検屍の地にやってきた。当時の模様を山縣はこう語っている（『西南記傳』）。

〈砂の中に埋めてあつた泥まぶれに為つた首を捜し出して来てからに、清水を以て洗ふて見た所が、愈《いよい》よ西郷と云ふ事が分つた。此時、私は西郷の首を実見して、先《ま》づ一面には、征討の任を全うしたので喜んだが、又、一面には、此近代稀なる英雄が、斯《かく》の如き終りを取つたかと思ふて、覚えず泫然《げんぜん》として涙下り、実に衷情《ちゆうじよう》耐へられなかつた。〉

そして、諸将を顧みながら、〈翁の顔色、何ぞ其温和なるや〉と嘆じた。西郷の首級の、いかにも穏やかな様子を見て、山縣は、この〈英雄〉の真像を改めて理解したのだと思う。西郷南洲は〈温和〉だった。平時のときではない。苛酷な運命が現前したときでもやはり〈温和〉であった。残兵を率いる絶望の日でも、滅びが迫った寸刻でも。城山の西郷南洲は、般若ではない。穏やかな大人《たいじん》であった。その屍を前にして、山縣は悄然として立ちすくんだ。滅びた敵将の忘れえぬ人間的魅力を思い出しながら、歴史というものの、人の運命というものの深い不条理を悟ったのである。

西南戦争で、何かが滅びた。「西郷隆盛」という「思想」を示した一人の日本人が歿した。「昔日の陰影」を原則《プリンシプル》として抱き続けた矛盾人間西郷隆盛は、「賊」として「鎮滅」させられた。そして、「向日的な」日本だけが残った。近代のパアッとした光のなかを進み、陰影を捨て去り、五大国の一つへと坂を登っていく日本だけが。

西郷とその一党は滅びた。南洲という虹は消えた。

そしていま、わたしたちは時空を超えて南洲虹滅《こうめつ》の日に立ち、かれの多像を思うのである。理念はいつも虚しく破れると知りながら、それでも理念と、その在処《ありか》を示す「天」を信じていこうとした「敬天」の精神、孤独な人ぎらいを宿痾《しゆくあ》のように抱きながら、それでも人と艱難をともにしていこうとした「愛人」の心。かれの人柄の不思議なところは、こうした二重性が背反の分裂をつくらず、無類の包容の人格に結晶した点にある。否応《いやおう》なく「近代」に生きねばならぬ必然を理解しながら、古き懐かしき東洋的人間と訣別しなかったのが西郷であった。その西郷が滅びた。矛盾を生きるという選択を明治日本は扼殺したのである。それで本当によかったのか、さすがに山縣は言葉にできぬ複雑な感慨に包まれていた。滅ぼしてはならないものを滅ぼしたという錯誤の感覚が、心の深奥から悲痛の声をあげていた。〈翁の顔色、何ぞ其温和なるや〉にそれがにじみ出ている。そう見たいのである。

象徴的にいえば、日本はこのとき〈温和〉を失ったのだ。そしてせかせかしながら歩む道を選んだ。日本という国は青ざめたり紅潮したり、目を三角にしたり瞠《みは》ったりをせっかちにくり返した。それは、五大国へのし上がる過程から相模湾に巨大な艨艟を迎えるまで、さらには、成熟と落日の二十一世紀にまで続く道行きになったといわねばならない。

しかし、わたしたちはかれのリフレイン〈未だし、未だし〉を、いまなお、耳を凝らして聴き入ろうとしている。〈業に已に〉のリフレインと〈未だし、未だし〉のリフレインと——。ふたつのリフレインは遠く歴史を超えて響き渡り、螺旋《らせん》の音声となって永遠の残響をもたらしている。西郷の理想とそれが潰えた滅亡のドラマは、その意味をくみ取ろうとするひとびとがあらわれる限り、その価値は、西郷のつくった未来への虹は、滅びることはない。そう断言するに、ためらいは無用というべきなのである。

第二章　独立自信

——変革の動力を生んだもの

〈死を畏れざるの理〉

南洲《なんしゆう》西郷隆盛の最期はよく知られているが、幾度彼《か》の事情に触れても、その都度新鮮な思いを抱かされ、さまざまな感慨にしばし呆然とすらさせられるのは、かれが見せた〈打興《うちきよう》じ〉の姿である。城山《しろやま》の籠城地で、西郷軍はまさに四面楚歌であった。残兵三百余となり百倍の官軍に包囲されていた。戦《いくさ》としては万事が尽きていたといってよい。ただ滅びの運命だけが、自分たちを待ちうけていた。

しかし、叛乱軍の首領西郷に悲壮の相貌はない。悲壮どころかむしろ茫洋である。たとえば山田済斎《せいさい》所聞の逸話では、城山の西郷は〈優遊《ゆうゆう》として現状を知らざるもの丶如し〉であった。かれは時折守備隊のところに来て、四方山《よもやま》話をし、この西南戦争初発からの敵・官軍のたたかいを「批評」したともいう。滅びる運命がすぐそばにありながら、〈其所《そのところ》の戦法は川村の策戦なるべし。其所の戦術は山縣《やまがた》の計画に相違なし〉と言う。「たぶんあいつの考えだろう」と語り聞かせていたのだ。川村とは川村純義《すみよし》であり、山縣はいわずもがなながら有朋《ありとも》のことである。西郷は彼ら後輩軍人のたたかい方の巧拙を解説して飽きなかった。それに〈打興じ〉ていた。この有りようをもって、運命を受け入れた従容《しようよう》の姿とみるべきか、あるいは精神陶冶《とうや》による平常心の顕現とみるか、一種の虚脱のようなものとするのか、いくつかの解像がありうるはずだ。

とはいえ、少なくともこれだけはいえる。最後の西郷は確かに死を畏《おそ》れていなかった。より精確にいえば、「死の畏れ」から一歩離れることのできた精神性を、すみずみに満たしていた。かれ自身が撰び座右の諫《いさ》めとしていた佐藤一齋《いっさい》の言葉から引けば、〈死を畏るゝの中より死を畏れざるの理を揀出《けんしゅつ》〉していたのである。「死がこわい」という思いを圧殺して「平然」が出てくるのではなく、自分の中に「こわい」があるのをわかりきったうえで死を引き受けようとした。こうした肖像は、滅んでゆく西郷の「謎」に迫ろうとするとき、異様な示唆を与えてくれる。たとえば江藤淳は西郷の〈失敗への情熱〉をくり返し指摘したが（『海舟余波』『南洲残影』）、〈死を畏るゝの中より死を畏れざるの理〉を見出そうとする西郷を一種極北の視線から凝視してうまれたのが、この江藤の観点なのではないか。

再び佐藤一齋の言葉を使えば、〈死を畏れざるの理〉を見出したのは、最後の西郷が、正《まさ》しく〈我が身は天物《てんぶつ》なり〉という意識に到達していたことを意味する。平時の教訓めいたものではない。ほんとうの死地にあって、絶体絶命たる窮状の際《きわ》にいて、西郷は〈死生の権は天に在り〉との原理を疑わなかった。ゆえにかれは茫洋としていた。どこか朗らかに、〈打興じ〉の姿を顕していたのである。

こうした精神性を宿しえた西郷は、武職の長として明らかに巨人である。かれは最初の陸軍大将だったが、日本の軍指導者の将器について、ひとつの理念型をつくりあげた。「将の将たる器《うつわ》」を具体的人間像として定着させるのに一役買ったのである。死地になるかもしれず、家族や友人とは永遠の別れかもしれない戦場に出て行く兵士にとって、頭上《とうじょう》に戴《いただ》く将が「死を畏れぬ」器量の持ち主でなくては困るのだ。ぜんたい俺は何故死なないといけないのか。その「納得」はできたりできなかったりするのだろうが、少なくとも戦闘の現実において、生死を託する将が率先垂範《すいはん》して「死んでも構わぬ」の態度を見せてくれないと、兵には生死を賭ける動機が薄れる。戦闘行為に迷いがあってはならないのである。

城山での最後の西郷は、武職の長としてゆるぎない存在だった。〈死を畏れざるの理〉が、まさに人格化した人物として、兵たちに仰がれていた。しかし、それは畏怖ではない。むしろ、仲間意識の延長のようなものであった。

豊前《ぶぜん》中津藩の旧藩士六十三名を率いて西郷軍に投じ、城山籠城戦まで倶《とも》にあった増田宋太郎《そうたろう》（福澤諭吉の再従弟《またいとこ》）は、貴島《きじま》隊の米倉襲撃に参加して戦死した。窮地の西郷軍に在って、生きて還《かえ》る選択もあったにもかかわらず、増田はそうはしなかった。山田済斎所聞の逸話に拠れば、どうして去らないのかと問うたとき、増田はこう答えたという。

〈吾此処《われここ》に来り始《はじめ》て親しく西郷先生に接することを得たり。一日先生に接すれば一日の愛生ず。三日先生に接すれば三日の愛生ず。親愛日に加はり、去るべくもあらず。今は善も悪も

生死を共にせんのみ。〉

西郷を〈先生〉というが、ここに上下の隔《へだ》たりはさほど感じられない。むしろよき友を見つけた喜びに増田は満ちている。〈生死〉だけでなく、〈善も悪も〉ともにせんとするほど、友愛の真率が増田を貫いていた。地上の人間同士の「友愛」は相互的であることを考えれば、西郷南洲のほうからも友愛の強い真情が発信されていなければ、こうした態度は生じ得ないと思う。

封建を超えて

いうまでもなく、維新の大業を現実において成立させたのは、倒幕思想ではなく倒幕運動である。尊王攘夷か開国かといった観念ではなく、西郷を中心とした軍事力であった。下部構造の変化云々《うんぬん》といった「科学的」条件が完備されたとしても、現実の一新が成せるかどうかは、「偶然」と「出会い」が織りなす人間間《にんげんかん》の具体的諸相に関わる。そこに西郷隆盛という独立自信の発熱体を据えて維新史を審《つまび》らかにすることは、ひとつの窮理の物尺《ものさし》になるだろう。

戊辰《ぼしん》戦争にて旧体制の拠って立つ根幹を崩し、廃藩置県を実施することで国家体制として「革命」(勿論近代的な意味で)が成就した。前者は薩摩藩兵が最大の役割を果たし、後者は御《ご》親兵《しんぺい》(近衛《このえ》兵《へい》の前身)の強大な兵力を背景に断行できた。前者は西郷が率いたのであり、薩摩藩兵を柱とした後者は西郷が統率することが成立の鍵となった。

しかも西郷は、前者を起動させた者でもあった。大政奉還によって幕府の力を温存しようとした特権維持派は、一度は勝利を収めるかにみえた。このとき、かれらを挑発するために火付けや強盗まで指示したのは西郷である。挑発に乗った特権維持派は、ついに「討薩《とうさつ》の表《ひょう》」を掲げ、鳥羽伏見の会戦に至った。武力倒幕の契機が成されたのは、必要なら悪行《あっこう》をやっても具体的な倒幕を実現させせんとする西郷の強烈な意志であった。

後者の廃藩置県でも、模索時点においてすでに西郷の存在は決定的だった。薩摩藩兵を御親兵とするとき、かれは、この新時代の軍事力が藩主を攻撃する場合があっても構わぬとの考えを示した。軍事力を事実上統《す》べる西郷に、封建の君臣関係を超える明快な意向があると確認されたことは、廃藩置県実行への重大なきっかけになった。そして廃藩に向かう緊迫した政治状況のなか、説得に来た山縣有朋に対して、〈西郷は意外にもただちに同意〉を示し、これによって〈事態は急転直下、解決に向かった〉のである（坂本多加雄『明治国家の建設』）。入江貫一所聞の山縣談話によれば（『山縣公のおもかげ』）、西郷の応諾は〈余りに簡単〉なもので、却って戸惑った山縣が、流血の事態になるのもやむをえぬと付言すると、西郷はただ一言〈左様《さよう》で御座《ござ》りますな〉と答えたのみであった。

〈西郷の革命〉

内村鑑三は〈西郷なくして革命があったかとなると疑問であります〉（『代表的日本人』鈴木範久訳、傍点原文）と述べている。革命動力の中心点に西郷隆盛がいた。かれは〈すべてを始動させる原動力であり、運動を作り出し、「天」の全能の法にもとづき運動の方向を定める精神〉だった。それゆえたしかに、〈一八六八年の日本の維新革命は、西郷の革命であった〉のだ。

内村『代表的日本人』も指摘しているが、革命の実行者西郷隆盛の生涯を追うとき、陽明学がその心中を貫いていた面は見のがせない。たとえば、かれがその言葉を誡《いまし》めとした幕末の大儒者・佐藤一斎は、羅山《らざん》を継ぐ林家《りんけ》の塾頭として、また幕府昌平黌《しょうへいこう》の教官として朱子学に長《た》けていたが、陽明学に深い関心を抱いていた。陽《おもて》には朱子学を説いたが、陰《そのじつ》として王陽明の学を唱えていたという意味で、「陽朱陰王《ようしゅいんおう》」と呼ばれた人物である（王陽明『伝習録《でんしゅうろく》』の欄外書―註釈書―も残している）。その著作・言志四録から西郷自身が抄出した『南洲手抄言志録《しゅしょうげんしろく》』は明治二十一年（一八八八）に刊行されたが、同書巻末の略伝は佐藤一斎について、〈其学陽明王子ニ根拠シ〉（その学問は王陽明を根拠とし）と記している。また、一斎の思想について相良亨は、〈緊迫した対峙《たいじ》的な関係にあるものとして人間を捉え、その人間としての自己の確立を説いた〉ものであって、そこに〈武士をみないではおられない〉と指摘している（日本思想大系46『佐藤一斎・大鹽中齋』解説、傍点原文）。

陽明学は西郷のなかにいつも明灯していた。自身のおこないを省みる指針として、また、実践への勇気を鼓舞してくれるものとして。独立自信を尊び、「天」に事《つか》える心を要すべしとかれはたえず自らに課した。私なる者になるのを断じ、公なる者になろうと努めた。この精神は陽明学に照射されないと生まれてこない。

そして「兵」――維新革命を武に於いて担う者たち――に対する西郷の共感力を論じようとするとき、『伝習録』が重視するものの一つ「朋友に信あり」を登場させないわけにはいかないのである。親や君主といったタテ方向への誠意とともに、陽明学は、水平方向の「友」への誠意を説く。「朋友に信あり」は『書経』舜典《しゅんてん》篇にあり、『伝習録』では実践上の五つの徳目(同書の表現に従えば、〈同然なる心の本体〉に帰るための〈節目〉のなかに数えている(溝口雄三訳に従う。他の四項は「父子に親《しん》あり」「君臣に義あり」「夫婦に別あり」「長幼に序あり」)。宇野哲人『中国思想』によればこの五倫は一種の義務論であって、孔子に胚胎し、孟子に至って内容を説明された。陽明学もこれを踏襲し、実践道徳の要《かなめ》としているのである。

志士および「兵」という、維新の実践者が存在感を膨《ふく》らませていくなかで、かれらを束ねる「朋友に信あり」の念は、事功を成す心的動力となった。そして、ひとびとの行動に結びつくことで、維新時に決定的な役割を果たした。その念の最も重要な抱受者こそ、西郷隆盛であった。陽明学的な倫理観念は、「天」の示すところであると把握され、知行合一《ちこうごういつ》の実践行を通じて実現されると理解されることで、変革の一季において、驚くべき動力の持ち主、西郷を日本史のなかに登場せしめたのである。

前近代の遺物として固陋《ころう》ともいえた日本武士の精神（武士道）が、むしろ人びとと国家を近代へ転じさせるスターターになった。この奇蹟的逆説は、武士道精神を支えた日本陽明学があってこそ実体化したとみてよい。〈文明とは正義がひろく行われることである〉（『代表的日本人』。原文は「南洲遺訓《いくん》」〈文明とは道の普《あまね》く行はるゝを賛称《さんしょう》せる言《ことば》にして〉）という西郷の宣言は、ついに固陋の武士道が、近代の光のなかで正統な考えとして逆転生成した驚嘆すべき思想のドラマを伏在させている。このドラマを辿《たど》ることは日本維新の精神史解析の点でやはり重要であろうし、本章の目的もそこにある。

くじけぬ意気

文久二年（一八六二）、体制変革をめぐって日本国じゅうが発熱しだしていた。まずは公武合体という具体的なプログラムが動きだしていたのである。薩摩藩はその中心であった。有為の人士は過去の経緯を問わず必要とされた。国情ここに及んで、奄美大島に遠島となっていた西郷は、薩摩藩の「国父」島津久光《ひさみつ》によって処分を解かれ鹿児島に召還された。このとき、西郷伝中の重要なトピックが生じる。召還帰郷わずか二か月で、西郷は囚人扱いされ護送の身になったのだ。鹿児島から下関入りしたさい、勤皇家平野国臣《くにおみ》らと会合して、そこで得た情報をもとに尊王激派鎮撫のため先発したことが、久光の怒りを発火点まで至らせた誘因としてあげられる。

久光は薩摩藩士に、「尊王攘夷」の人士との接触を厳禁していた。当時、尊王派はこう問うていた。久光主導の公武合体策とはなんぞ。そして自ら答えていた。それこそ、旧体制が救いようのない崩壊をはじめているというのに、口では改革改革と言いながら、半身は旧体制の温《ぬる》みきった湯に浸《つか》ったままでいたかった（それを無意識のなかで求めていた）為政者連の詐術《さじゅつ》ではないか、と。こうした考えを持つ尊王派の「危険なところ」は、久光もよくわかっていた。だから接触の禁を藩士に厳命したのである。その禁を西郷は平然と破った。久光も強い男である。西郷は容赦なく身柄を拘束され、再び流刑者となる。

勿論この処置には、二人の感情的ズレもあった。西郷は前藩主・斉彬《なりあきら》に見出されて台頭した。斉彬急死後に藩政を引き継いだ久光は、兄斉彬と跡目を争い及ばなかった過去がある。ゆえに、その兄に重用された存在が面白くないのだ。

藩の路線上の対立もあった。斉彬の先代・斉興《なりおき》の時代から続く佐幕派と国制一新派の暗闘は、薩摩藩の藩情をたびたび緊張させていたが、前者のグループは久光の周囲を固め、西郷は後者の側に立っていたのである。雄藩主導の公武合体策を先導せんとする（事実上の）藩主久光に対し、「（斉彬公に比べて）あなたには他の雄藩を引きつける貫目はない」との主旨を直言する藩士西郷。のち藩内に西郷赦免運動が起きてそれを認めざるを得ず、遠島から戻ったかれを謁見したとき、くやしさのあまり歯形がつくほど煙管《きせる》を嚙みしめた西郷嫌いの君公久光。陽明学を学んだ権威にとらわれぬ行動家西郷（斉彬は春嶽松平慶永《しゅんがくまつだいらよしなが》に会ったさい、西郷について、独立心が強く自分でないと使いこなせないと話したという）。組織統制を重んじる希代の狷介者《かたいじもの》久光。後者が個人的感情も織り込ませながら前者断罪をおこなう。流刑者西郷を乗せた薩摩藩の汽船が大坂を出港したのは、出兵上京した久光が着京するわずか五日前であった。

西郷は再び遠島人となった。最初の丸三年の遠島では藩の処置はゆるやかだったが、今度は完全な罪人扱いである。「朋友」を重んじた行動の代償は、流刑地での二年にわたる厳しい座敷牢暮らしだった。かれは牢壁《ろうへき》に漢詩を書き、日ごと吟《ぎん》じたという。その最終行は〈笑坐獄中鐵石心〉（笑いて獄中に座す鉄石《てつせき》の心）である。

〈鉄石の心〉を宿した維新者西郷の意気は、少しも挫《くじ》けることはない。むしろ遠島流刑時代に耐えたことは、かれを維新者として強靭にした。〈予壮年より艱難《かんなん》と云ふ艱難に罹《かか》りしゆゑ、今はどんな事に出会ふ共、動揺は致すまじ。夫《そ》れだけは仕《し》合《あわ》せなり〉（「南洲遺訓」）と言い切れるまでに。とはいえ艱難辛苦は、この男を自強冷徹の硬い人物へと仕上げたのではない。〈敬天愛人〉（同）の、透明感さえある茫洋温和な大人《たいじん》に仕立てたのである。ここには、やはり希有な精神のドラマがあったというしかない。そこに、〈天地自然の道〉(同)をわれ迷わず行かんとする、西郷の陽明学的背景を見出すことは、余りにも「自然」なことなのである。

水平感覚

西郷が維新者として身を立てようとする時代、夜明けは近いとはいえ、日本国は未だ封建の暗中明けきらぬなかにあった。そこでは君主への忠誠観念が武門の士たちを縛っていた。しかし西郷は違った。遠島からの召還間際という微妙な時期に、再び遠島になるやもしれぬ行動を卒然と選ぶのである。平野国臣は福岡藩浪人で過激な勤皇家として知られていた。一方西郷は、後述するように開明派的であったし、長州藩を中心に多かった項《うなじ》の硬い尊王攘夷論には必ずしも同調的ではなかった。

天皇は西郷を親愛したが(後述)、西郷のほうに(政治的な意味で重きをおくようになった一面はあったにしても)天皇崇敬の観念は薄い。それは西郷の遺訓、遺文、自ら撰んだ文集、問答のなかに、〈天〉や〈道〉の語は頻繁に登場しても、天皇にあたる語がまず登場しない(〈王〉はわずかに出てくる——たとえば、戊辰戦の戦死者を祭る文中〈王を尊び万民塗炭《とたん》の苦しみを救う〉)ことからも推察できよう。勿論、明治国家の運営責任者時代の西郷と明治天皇が「親密」だったことはよく指摘されるし、それは確からしい。だからといって、一部の史家等がいう「天皇主義者・西郷隆盛」はいまひとつ認めがたい。「親密」と「尊崇」は精神のあり方として異なるからだ。

それを考えれば、微妙な時期に、禁を破ってまで危険な勤皇家と会った西郷の行動は、どのように説明されるのか。かつて西郷は僧月照《げっしょう》との入水《じゅすい》自殺事件を起こしている。月照は西郷が京都に在って朝廷への働きかけをともにおこなった「朋友」であった。その友が安政の大獄の難で追い詰められ（西郷自身も追い詰められていた）、鹿児島へ奔《はし》る。そこにも幕吏の手が迫っていた。西郷は月照を急ぎ連れて、酒饌《しゅせん》とともに一緒に舟で海上へ出る。「もはやこれまでは死ぬか」になったのだ。月照が畳紙《たとうがみ》に記した和歌を西郷に示すと、かれは頷《うなず》いた。これが合図となった。甲板に出た二人は相伴《あいとも》なって身を海中に投じる。月照は亡くなり、西郷だけが救われ蘇生した。このとき二人の舟に同船して一切に立会い、月照の葬儀にも西郷と同席したのが平野国臣であった。

西郷が平野と会ったのは、志向の違う勤皇家をも取り込んでいこうという、維新者西郷の「寛《ひろ》さ」、あるいは戦略があったのかもしれない。この意味では政治的色彩のある行動だったとも見える。が、かなりの危険を承知で会っており、そうした観点だけでは説明のつきようがない。〈南洲は終身《しゅうしん》月照と死せざりしを憾《うら》みたりと云ふ〉（『南洲手抄言志録』収録、秋月種樹《あきづきたねたつ》「評」より）ほど、慚愧《ざんき》に堪えぬ体験だった入水事件。そこに関わった「朋友」からの会見希望だったがゆえに、万慮を排してこれを受けたのである。西郷は「朋友に信あり」を選び取ったのだ。タテ関係（久光）より水平関係（平野国臣）への誠意を至当とした。一緒に事をおこなう「友」が大切だとしたのである。

既成の権威を否定し、天意を受けて立つ自律の気象をもとに、西郷隆盛という変革者がここに屹立《きつりつ》している。維新の同志《なかま》への信は、のちに、戊辰戦争を一緒にたたかう「兵」たちに対する信へと移行する。その信は揺るぎないものであり、どこまでも「兵」と運命をともにするのを是とした。そして、合わせ鏡のように、西郷は「兵」たちから絶大なる信を受けたのである。

西郷は根に温かく優しいものを持っていた。ふるえるような心を持っていた。情の深い人であった。それを自分でもわかっていて、これではいかんと佐藤一斎の言葉を座右に据えた、という面もあるだろう。〈西郷の強さの奥には、ずいぶん女性的な優しさがありました〉と内村鑑三も捉えている（前掲書）。こうした生来の気質は、陽明学的観念とともに、西郷に、仲間を重んじる優れた水平感覚をもたらした。それは「兵」たちから信と親愛を受ける要になったと筆者（澤村）はみている。

上下の関係が厳しかった封建の世を変革していくとき、それを担う「兵」からの人望は、上下でなく水平関係を大事にする西郷隆盛に集まってくる。かくして西郷は、日本的な武職の長へとその存在を巨大化させていった。

武職の長といっても、西郷は、才気と闘争によって自ら上位を獲《と》った者ではない。あくまで「兵」の同志的繋がりのなかから推戴《すいたい》されて登場した。「朋友に信あり」観念の抱受者として、かれが一級の人物だったからこそ、「兵」たちはかれを親愛し、かれに自身の運命を託し、〈善も悪も〉ともにせんとした。そして西郷を担《かつ》ぎ上げたのである。この場合、頭上《とうじょう》に立つのは、自分たちを管理する「冷たい」指導者ではない。「ひとつの運命をともに生きる」という感覚をもたらしてくれる者。一緒にたたかって、一緒に死のうといってくれる、「温かい」人間。それを「兵」は欲した。西郷はそこに応じた。かれを戴き、断然、「兵」はたたかった。死を畏れず、勇を発揮したのである。

二度目の遠島になったとき、西郷が、大坂にいた薩摩藩士・木場伝内《こばでんない》に送った書簡中には、〈私死地《しち》に入らず候《そうら》わでは死地の兵を救う事出来《でき》申す間敷《まじく》〉との言葉が見出される。ここでいう〈死地の兵〉とは倒幕運動に参加し、たたかいに死ぬことも受け入れた志士たちの意であるが、それはまっすぐ維新戦争期の自軍兵士像へと結びつく。武職の長となる自覚は「死地に入る」決意となり、それは揺るぎない生々条理《せいせいじょうり》となって西郷の人格を貫くのである。指揮官が死を畏れぬ者であるとき、軍団が〈死地の兵〉でないはずはない。かくして西郷隆盛をいわば北極星のような回天の中心点として、幕末の日本に、「死」を厭《いと》わぬ猛勇の群が生じた。かれら青年たちは卒然として剣を握った。だからこそ、維新革命は成就したのだ。

西郷と陽明学というテーマは、底が深く水流も多岐にわたっている。立ち入った検討は次章に譲り、本章では関連するところとして、以下、維新者西郷の「慕われ方」について、諸相を見ていくことにしよう。

「義人」伝説

西郷隆盛は外様《とざま》薩摩藩にあって、下級武士（八段階の下から二番目、小姓組《こしょう》）の一人にすぎなかった。米使ペリーの浦賀来航（嘉永六年〔一八五三〕）で国内騒然となったとき、藩主・島津斉彬に見出されていた西郷は、翌年年頭、参勤交代による斉彬江戸上行《じょうこう》のさい、伴揃《ともぞろえ》に選ばれる。満年齢でいうと二十六歳のときであった。八面六臂《はちめんろっぴ》の活躍がここからはじまる。

斉彬は攘夷派の水戸徳川斉昭《なりあき》とその家臣（藤田東湖《とうこ》ら）から、開明派の越前松平慶永＋幕府内旗本クラス（岩瀬忠震《いわせただなり》、川路聖謨《かわじとしあきら》ら）まで、変革を求める当時の有力人士と深い交流があった。その藩主から、優れた手駒《てごま》になると見出されたのは、西郷の「傾向」が幅広かったことを示している。

いうまでもなくこの年は、一月にペリーが再来日して三月には日米和親条約が結ばれ、十五年に及ぶ維新への大動乱に火が付いた年だった。国内では開国、攘夷といった路線をめぐる「派」が複雑に形成されて、「派」のサムライたちによる決起や殺傷事件が日常茶飯事となる。

「○○断行」（攘夷、幕藩体制の改革、など）はこの時期の合言葉となって、志ある者すべてを行動家へと変えた。投獄や、永押込《えいおしこめ》、配流などの処分を受ける経験を多くが経た。志士は肉体を痛めつけられ、それによって精神を鍛えられた。繊弱では生きていけなかった。これで胆力《タフネス》が身に浸み込まないはずはない。西郷隆盛もそうした志士の一人として維新史に登場する。

西郷は次第に存在を大きくし、やがて、明治維新の道程において第一等の演出家となり出演者となった。またかれは、その巨眼大身の肖像から、後代まで強烈な存在感をひとびとに与える維新の主演者にもなったのである。犬を連れた兵児帯《へこおび》姿の上野山の像（高村光雲《こううん》作）は日本人なら誰もが思い浮かぶであろう。故国鹿児島にも空港近くに巨大な西郷像はあるが、こちらは羽織姿で腕組みをしている。さらに、流刑地となった沖永良部島《おきのえらぶじま》には、座敷牢のなかで瞑想する西郷の像がある。像だけではない。西郷隆盛を祀《まつ》る南洲神社は、自裁後一世紀半に垂《なん》んとする現今、各所の林間に静かに座している。西郷は維新の主演者であるのと同時に、「神」にもなっていたのだ。南洲神社は鹿児島一県にとどまらず、たとえば東北・山形県酒田市にもある。西郷が倒幕維新軍を率いた戊辰戦争時、激戦地だったところだ。戦後、西郷が庄内藩へきわめて寛大な処分をしたことは、現地の民にとって忘れられない出来事であった。ゆえにかれは酒田でも「神」になった。

戊辰戦争で「官軍」を率い、維新の大業を成したにもかかわらず、廟堂人《びょうどうじん》の地位など関心がないかのように鹿児島に帰り、西郷は一農民として生きた。〈毎日耕耘《こううん》に従事し〉〈一日糞桶《こやしおけ》を荷《にな》ひ行く〉と山田済斎所聞の逸話にある。かれは自ら武村吉と名乗った。吉は西郷の幼名小吉、通称吉之助の「吉」だが、「武村という農村で農事に努める一人の民」といった意味合いである。通りがかった士人に呼ばれて下駄の鼻緒を直したこともあった。西郷は黙々と修理をした。あとでその「一農民」が西郷南洲だったことがわかり、士人はいたく恐縮した。こちらも同じ逸話のなかにある。

　権勢を求めずさっさと中央から去ってしまう西郷、名利《みようり》を求めず貧者の味方だった西郷を、庶民はいつまでも慕った。それがさまざまな伝説を生みだした。この卓抜無碍《むげ》なる男は、西南戦争なんぞで死んでやしない。飄然《ひようぜん》と海を渡り生きている。そういった話が、まことしやかに語られ続けた。「○○に身を隠しており、近々帰国する」説は○○にフィリピンから中国、インドそしてロシアに至るまで記され、間歇《かんけつ》的にメディアを賑わしてきた。

　たとえば大津事件（明治二十四年）のときは在ロシア生存説が流れている。怪説といえばそれまでだが、日本国が緊張を強いられる局面を迎えたとき、「復活伝説」が広まる現象は注視すべき面がある。シベリアに幽閉された老西郷をライオン（？）同道で救出に行く押川春浪《おしかわしゆんろう》の英雄小説『東洋武侠団《とうようぶきようだん》』（明治四十年）もいっとき評判になった。芥川龍之介は車中で会った〈老紳士〉――〈白葡萄酒〉を飲み〈埃及《エジプト》〉の煙をくゆらせた学者らしき男――が、史料を綿密に調べたうえで西郷は死んでいないと結論づけ、その証拠にこの車中に西郷が乗っていると主人公に謎かけする場面を、短篇「西郷隆盛」（大正六年）で描いている。近年では、大接近した火星に西郷の姿を見た（！）という話も登場した。そうなると西郷隆盛は括弧《かっこ》つきの「神」ではなく、もはや括弧なしのカミサマにしないといけなくなる。

西郷を慕う者は同時代でも多層にわたっていた。「義人」として、薩摩藩士ばかりか全国の尊攘志士の讃仰を集めた。人物の印象が口から口へと伝わったからである。それだけでない。明治新政権の大納言・参議クラスはみな、西郷の「人物」に一目も二目も置いていた。大久保利通は何か相談をされると、拇指を出して、〈自分はよいが何分これが承知しまい〉と言うことが多かったという。拇指は西郷南洲を意味する。この逸話は頭山満《とうやまみつる》「大木の伐《き》り跡《あと》」にみえるが、頭山は西南戦争後の鹿児島に行き、西郷家家老格の老人や地元の人々から西郷の話を聞く機会をもったのである。

そしてなにより、明治天皇がかれを好んだ。臣下のなかで特別に信愛した。西南戦争勃発により国家逆徒となったあとでも、天皇は、「西郷はどうしているのか」と思い続け、気を紛《まぎ》らわせようとして毎日酒ばかり呑《の》んでいたという（秦郁彦他『歴代陸軍大将全覧』明治篇）。西郷が頭目ゆえ、悖乱《はいらん》者討伐に熱意を示さなかった天皇の有りようは、たとえば君徳輔導《くんとくほどう》のため侍読《じどく》に就任した元田永孚《もとだながざね》を苛立《いらだ》たせるほどであった。

草莽《そうもう》の志士、庶民から為政者、天皇に至るまでの、こうした幅広い「好かれ方」は、日本の歴史的人物のなかでも格の違いを感じさせる。人間西郷を懐かしみ、慕い、かれはいずれ現れると待ち望むエネルギーは、日本人のなかから失われることはなかった。それははるか後代まで続いているのである。

多像の矛盾人間

とはいえ、いったん学際的な歴史研究に眼を転じると、事情は一変する。讃仰の対象として人物像が明確だったはずの西郷は、何やら曖昧で不分明な人物に変じてしまうのだ。実際、歴史研究の現場において、西郷隆盛ほど行動に謎の多い人物はいないと見なされている。維新期のいくつかの重要局面において、かれの真意は測りかねるところがあり、研究者の頭を悩ませてきたし、いまも悩ませている。たとえば有名な征韓論始末で、朝鮮への使節派遣を強硬に主張したのは確かに西郷その人だが、このとき西郷自身は本気で征韓を意図していたのか、疑問視する有力な論考がある（毛利敏彦『明治六年政変の研究』）。幕末においても西郷は、攘夷派の人士と行動を合わせながら、一方で攘夷など関心がないかのごとき発言をおこなっていた。不平士族叛乱の時期では、特権を奪われる士族の面目守護者との像を示した一方で、秩禄処分《ちつろくしょぶん》（武士が藩から給付されていた家禄の整理）には原則的に賛成している。

西郷の謎めいた政治姿勢は、さらに多く例示することができる。徴兵制や四民平等に反対する反開化主義士族の頭領然としてありながら、明治三年に岩倉具視《ともみ》に提出した建白書の筆者西郷は、〈西洋各国迄も普《あまね》く斟酌《しんしゃく》〉して国家のしくみを整えよと謳《うた》っており、大枠、健全な開化派だといってよい。この建白書でまた西郷は、忠孝仁愛たる儒教道徳を鼓吹《こすい》し仁政を尊ぶ考えを述べながら、世上には〈小人《しょうじん》〉多いゆえ法制度を整備すべしと主張してもいる。伝統的な武士道精神の継承者であるのが明白な一方で（それゆえ士族の敬意を集めたのだ）、福澤諭吉の『文明論之概略』に共感を覚え、「この本を読むがよろしい」と子弟に推奨していた（この話は伝聞として福澤自身が書いている。よほど嬉しかったのだろう）。これらを受け、封建反動どころか、むしろ開化進歩派だと西郷を位置付け直す流れも、現代歴史学のなかに太く生じている（たとえば坂野潤治『西郷隆盛と明治維新』）。

勿論、西郷は実際家であって理念家ではない。現実政治の変転にある程度、身を合わせていく要《よう》を強《し》いられた者であった。政治は一寸先が闇だが、変動期はその傾向がことさら強い。一貫した理念で生きられないのは当然だといえる。西郷はその「当然」を無理なく受け入れた。その意味でかれは現実主義者であった。あるいは「廓然《からり》とした人」であった。理念などたやすく吹き飛ばされるような、厳しい政治のリアリズムに身を置き続けた結果だともいえるが、それ以上に、西郷は生来より「廓然とした」ところが大きい人物だったと捉えないといけない。

そうでないと、ときにかれが見せる奇妙な穏健的態度は理解しがたいのだ。

多像の矛盾人間として、西郷は相反するさまざまな言動や逸話に包まれている。ゆえに実証の俎上《そじょう》に載《の》せるとその真像は見えにくくなる。「何を考えていたのだ」と問い質《ただ》したくなるのである。

西郷はまた、直情的な面をたびたび見せていた。征韓論始末のさい大久保利通は、「何でもイヤダ」の西郷に、「だったら勝手にせよ」と物別れするしかなかった。また、政争に敗れ国に帰るとき、同志・板垣退助《たいすけ》から〈行動を一《いつ》にする〉ことを求められたのに対し、西郷は、〈予《よ》の事を以《もつ》て念《おもい》と為《な》す無く、予を放棄して其《その》為すがまゝに一任せよ〉（つまり「どうか放っておいてくれ」）と、大笑しつつ言い放ったという（明治四十三年、板垣退助監修『自由黨史』上巻）。

ただし、こうした直情性をときに見せてはいても、西郷は非合理に傾きやすい人間では毛頭ない。若き頃より攘夷を唱える者たちと誼《よしみ》を通じていたが、当時、攘夷青年の心を広く囚《とら》えていた平田篤胤《あつたね》流の尊皇国学からはいくぶん遠かった。代わりにかれは、軍事指導者ならではの独特の合理主義を早くから身につけていた。ぜんたいを見抜く醒《さ》めた視力を持っていた。非常時を念頭におき、たたかいを恐れずとの思念が骨の髄《ずい》まで通貫していた一方で、戦端を切ることには慎重だった。実戦の困難を充分に経験していたからである。開戦に先立ち多く名分を重視したのは、段取りを踏む慎重さが背景にあった。ゆえに、西郷はおおむね自制を説く者であった。武断家ではあったが、「犬死」をはっきり嫌った。

有力諸藩連合による国柄の一新を構想していた三十歳前後の西郷は、安政の大獄（安政五〜六年〔一八五八〜五九〕）にさいして奄美大島への流《る》謫《たく》とされるが、このとき、幕府側の弾圧に憤るあまり行動に逸《はや》る者をめぐって、〈難に相掛《あいかか》り候迚《とて》、無謀の大難を引き出し候儀、有志の為すべき儀に御座候や〉（大久保利通宛書簡、安政六年二月二日付）と見解を伝えている。志も大事だが無謀による「犬死」はしてはならぬ、と断じているのだ。また、〈機会を見合わせず候て、只々《ただただ》死を遂げさえいたし候得ば忠臣と心得候儀、甚《はなは》だ以て悪《あ》敷《しく》御座候〉（同）とも書き、戦略性なき自滅的行動は駄目だと明言している。

担がれる者の心性

武職の長になる者が宿す合理性と冷静さはあっても、西郷に怜悧《れいり》酷薄なところは見られない。かれは秀でた共感力をもまた、その体質のなかに深く宿していた（ゆえに「義」の人だと見られたのである）。だからこそ、「兵」の心象が痛いほど理解できた。維新の大業は自分たちが第一線の戦場でたたかうことから具現したとの自負を抱きながら、新体制によって切り捨てられたと認識し、不満を募らせる「兵」の心理プロセスが細部までわかったのである。死地で西郷が作ったといわれる漢詩（実作は西郷自身に非《あら》ずとの説もあるが）は、〈慷慨《こうがい》多《た》年過此身《ねんこのみにすぐ》〉と書き出されている（明治十年、楢崎隆存《ならさきりゅうそん》編『南洲遺稿』）。鬱屈や憤りは多年にわたり、身に過ぎるほど引き受けてきた、とかれは述懐している。

坂本多加雄は明治維新後の国情について、いわゆる維新官僚（大隈重信、伊藤博文、井上馨ら）が一方の極にあり、他極に攘夷・反開化の在朝在野諸勢力＋旧勢力（上層公卿、旧藩主ら）があって対峙《たいじ》し、大久保や木戸孝允《たかよし》が中間に並ぶ構図のなかで、西郷はただ一人〈遠景に〉あって、〈さまざまな現状に対する不満を複雑に体現するかたち〉で、〈佇《たたず》〉んでいた、と素描する（前掲書）。一八六八年の日本革命を〈西郷の革命〉といわしめた当人は、廟堂から身をひき、ひとびとの不満を体現しながら、「遠くで佇む人」となって新時代を生きていたのだ。

ひとびとの慷慨を身に引き受け、ついには自身が慷慨の塊《かたまり》になったとしても、西郷はなんら悔いるところがなかった。かれは人間集団を率いるときの、「情」の重要性を理解していた。〈政《まつりごと》を為すの着眼《ちゃくがん》は情の一字に在り〉とは、たびたび引用している西郷座右、佐藤一斎の言葉にある。西郷はひとびとの情を細部にわたって悟り、情においてひとびとを把握することが、〈政〉の成否にとって欠かせない条件であることを見抜いていたのだ。

そして、不平士族の叛乱期が来ると、西郷は平然とかれら「兵」たちに担がれた。「兵」の心象を理解はできても、開化派の貌《かお》もある西郷は、勿論、かれらに心より同調できたわけではない。むしろ距離感を抱いていた。威勢はいいが、世の中の動きがわかっていない奴らだと内心では思っていた。それでも、厭とも言わず担がれる。これは相当な器量がないとできない態度であり、西郷隆盛という人間の決定的魅力だといえよう。

担がれたかれは、決起は愚かなことだと知りつつ「負け戦」へと突入した。各地を転戦し、最後は鹿児島の城山で残兵三百となって、百倍の政府軍に対峙する。絶対劣勢のなかにあっても、五体の隅々《すみずみ》まで染みこませた「戦いを畏れず」の意気は、挫《くじ》けることはない。陣の居所とした城山岩崎谷の洞窟で、西郷は〈仙客〉(仙人)のごとく笑い、泰然と碁を打っていたという伝え(杉孫七郎《すぎまごしちろう》作とされる漢詩より)がある。やがてかれは最後の戦場に向かい、腿《もも》から座骨部に向けて弾丸を受ける。そして、「もう此処《ここ》でよかろう」と首を部下に刎《は》ねさせるのである。

開化の理解者・西郷隆盛は「封建反動」勢力に担がれるまま自らの役割を全うし、自滅的内戦の敗者となった。思考と行動が矛盾するなかで死についたからこそ、かれの悲劇は本物の悲劇となる。自身が悲劇を迎えることを認識しながら、運命に殉じて生を貫いた。そこに〈死を畏れざるの理〉を見出した。それゆえに、わたしたちはこの男の悲劇を本物だと受け取ることができるのだ。そして、この男を愛惜することができる。伝説に、あるいは「神」にすることさえ、できるのである。

〈自由〉という小事

〈私たちが真に求めているものは自由ではない。私たちが欲するのは、事が起るべくして起っているということだ。そして、そのなかに登場して一定の役割をつとめ、なさねばならぬことをしているという実感だ〉と福田恆存《つねあり》はいう（『人間・この劇的なるもの』中公文庫版）。西郷隆盛の生と死の事情は、この言葉に当てはめることができる。当代が〈西洋各国迄も普く斟酌〉しないと国が成り立たない時代にあると、西郷はわかっていた。しかし、だからといって、自らの理解にのみ忠実となり、〈自由〉に行動することをかれは求めなかった。封建逆行（とみなされた）勢力の頭目として、不自由を受け入れ、たたかいの場に出向いた。

西郷にとって、自身の〈自由〉などは小事であった。〈なさねばならぬことをしているという実感〉を得ることのほうが、はるかに重要だったのだ。死がその必然境に待ち受けていようとも、自身の為すべき役割を演じるほうを、より正当なこととして受け入れた。そして、かれは敗れた。各地を転戦し、善戦し、寡兵になるまで猛勇にたたかい、かくして、〈一定の役割〉を果たしたうえで、自裁した。

〈自由〉は結局、虚しい快楽しかもたらさない。〈自由〉の追求は、みじめなエゴイズムの快感に一瞬一瞬、浸《ひた》るだけの人生の謂《いい》になる。そうはたと気づいたとき、西郷の生と死は、わたしたちに「よき生涯」とは何かを教えてくれる。〈なさねばならぬことをしているという実感〉こそ、ほんとうの生の充実をもたらす。それを全身に充塡《じゅうてん》させた南洲西郷隆盛は、わたしたちに、充実の生のありかを指し示している。

暗夜の光

西郷座右にあった佐藤一齋の言葉に、次のものがある。

〈一燈を提《ひっさ》げて、暗夜《あんや》を行く。暗夜を憂ふる勿《なか》れ、只だ一燈を頼め。〉

西郷の生涯を追想するとき、決まってこの一文が思い起こされる。そして、静寂の水面に水の輪が広がるように、しだいに心中ふかく反響してくる。この一文は好ましく印象ぶかい。暗夜の一燈。そうした存在になりきって滅びていった者たちが、維新のほんとうの動力だったことを、わたしたちはよく知っているからだ。

第三章 西郷と陽明学

──「和風」革命家の誕生

〈俘囚〉西郷

二度目の遠島は三尺四方の座敷牢が世界のすべてとなった。容赦なき罪人生活である。にもかかわらず、処分を解かれたとき、なぜか南洲《なんしゅう》西郷隆盛には安堵の色など微塵もなかった。かれは憤りに貫かれていた。召還の使に向かって、〈先《ま》づ余をして天下の形勢を談ぜしめよ〉（明治二十七年、勝田《かつだ》孫彌《まごや》『西郷隆盛傳』第二巻）と言い放ち、現状の「分析」を語り出したという。あたかも帰還者の慰安にひたろうとする自分を、厳しく叱りつけるかのように。語るに留《とど》まらず、かれは、海辺の砂に必要な諸策を記していった（この話は内村鑑三が伝えている）。西郷はこのとき、巨眼を見開いて憂情を示したはずだ。遠島中、薩英交戦という異常事態があった。鹿児島城下は英国艦隊の砲撃で焼き払われた。いうまでもなくこれは、薩摩一国の事件に留まるはずはない。近い将来、日本のあちこちの港で、欧米列強により現前させられる予感を招く、重大事件であった。体制転換を目指す壮士等は激高し、不穏は国じゅうに満ちた。もはや時間がないのである。

　息子寅太郎は幼少時、父西郷の怒りを買った出来事をよく覚えている。小鳥を買ってくれと駄々を捏《こ》ね続ける子供に父親が堪忍袋の緒を切った。息子は一喝もされず睨《にら》み付けられ、それが却って怖かったという。〈さらでも恐ろしい眼がギロリと光つたのみであつた〉（「朧《おぼろ》に浮《うか》ぶ父《ちゝ》の面影《おもかげ》」）という父の様子は、生涯忘れえぬものになった。それと同じものを、沖永良部島《おきのえらぶじま》から帰還する西郷隆盛が見せていたと想像することは、いかにもたやすい。
西郷が流謫《るたく》地の牢中で拵《こしら》えた漢詩が残っている。

洛陽知己皆爲鬼　南嶼俘囚獨竊生
（洛陽の知己みな鬼となる。南島の俘囚《ふしゅう》独り生を竊《ぬす》む）

国政一新のためともにたたかった同志はみな生き急ぎ、斃《たお》れ、鬼籍に入った。それに比して自分はどうだろう。南島の〈俘囚〉として、未《いま》だに生を貪《むさぼ》っている。嗚呼《ああ》！……それは西郷の心を占めた、魂を引きちぎられるような感慨だった。願わくは魂魄《こんぱく》となって都を守らんと、西郷はこの漢詩の末尾に記すのである。
ただし西郷自身は、たたかいの最中《さなか》に戻りたいと、始終冀《こいねが》っていたわけではない。〈俘囚〉時代、沖永良部島から鹿児島の叔父に出した賀状（元治元年〔一八六四〕）では、もしこの南島に外国船が来たら武士として名誉ある行動をとるとは書きながらも、流人の身である自分は〈鳥なき里の蝙蝠《こうもり》〉だと伝えている。牢中塾で近隣の子供を教育したり、読書三昧《ざんまい》で過ごしたりと、自分はまるで〈学者之塩梅《がくしゃのあんばい》〉であり、そんな自分に〈独笑《ひとりおか》しく〉している、と。

〈俘囚〉西郷は、このまま朽ち果ててもいい心境になることもあった。文久三年（一八六三）六月の書簡には、〈当世に時めき候《そうらい》ては誠に馬鹿等敷事《ばからしきこと》にて、骨も砕け申すべきと相考え申し候〉と記している（徳之島・禎用喜《ていようき》宛）。「当世でもてはやされれば、こちらの骨が砕けてしまう。体がもたない。実に馬鹿らしいことだ」、つまり、「志士として動くのは、もううんざりだ」というのだ。この書簡が発せられたのは、生麦事件（文久二年八月二十一日）の処理をめぐり薩摩とイギリスの敵対が厳しくなり、開戦もありうる時勢下であった。西郷は薩英戦争（文久三年七月二〜四日）に向かう時勢の風聞を各所から得ていた。まさに世上《せじょう》はやかましく、〈おそろしき世振り〉であった。それでも遠島の自分は〈箱の中〉（牢中のこと）にいるゆえ、〈安気の事〉（関わらずにすみ、気楽だ）と書いた（同書簡）。

西郷隆盛は来《こ》し方をふり返っていたのだろう。薩摩にあっては派閥抗争の渦中にいたし、島津斉彬《なりあきら》に見出されて工作者となってからは全国を飛び回り、難しい交渉事の場にあったりもした。猛々《たけだけ》しい時代である。命はいくつあっても足りない。下級ながら武家の長子として世にあらわれた西郷には、命を惜しむ気持ちはさらさらなかったが、生死の境さえ感じさせる緊張の連続であったことは間違いない。もういいだろう。義理あった斉彬公もすでにこの世の人ではない。俺の役割ももう終わったのではないか。世上の煩事《わずらいごと》には、辟易《うんざり》している。時が止まったかのような南海の孤島で、朽ちるように消える人生でいいではないか。もしかしたら、ひそかにそれを、俺は求めているのではないか。

新国家の構想

しかし、時代は、かれの「感慨」や「心境」など忖度《そんたく》してはくれなかった。一個人の私心などどうでもいい、といわんばかりであった。ぼんやりしていればよい身分に、西郷は到底なれなかったのだ。ひとびとはかれの「行動」を切実に求めていた。急進派の間で、遠島人となった西郷への関心は衰えることがない。時流の変転は忙しく、すでに動乱の暗雲に突入している。西郷はどうしているのか、と志士たちはあちこちで問うていた。その問いの勢いはさまざまな噂を生んだ。高杉晋作が軍艦に乗じて西郷を訪ねたとか、坂本龍馬が長崎から乗船して西郷流刑地へ向かったといった話がまことしやかに飛び交った（勝田前掲書）。どれも虚報である。とはいえ、噂話が叢生《そうせい》するくらい、西郷待望論は列島を駆け巡っていたのである。

　西郷召還は諸有志の渇望となってきた。西郷を赦免しなければ死を決すると憤激する藩士もあらわれて、狷介者《かたいじもの》島津久光が遂に折れた。〈鳥なき里の蝙蝠〉は南海から薩摩へ、そして中央政治の舞台へと一気に引き戻される。復権した西郷は、〈鬼〉となった朋友《なかま》、その死の全重量を背負いながら、維新者へと自らを鼓舞するのだった。私心を捨てることは陽明学から徹底的に教え込まれていた。「南島で朽ちて死にたい」というのもまた私心に過ぎない、とかれは認識したはずだ。なんという我良《われよ》しの逃避！　アジアの果ての儚《はかな》い島国・日本は、いま、「近代」というけばけばしい光源をもって乗り込んでくる欧米列強の餌食となる寸前にある。挙国一致で対抗するしかないではないか。その実現のためになら、俺は死地に入るも厭《いと》わない。俺の「私心」など狼にでも喰《く》われて了《しま》え！

かくして、西郷は南島から維新史の表舞台に身を転じた。そして現実政治にもまれることで、認識を研《と》ぎ澄《す》ましていく。

かつて西郷は、一橋慶喜を擁立しようと同志とともに動いた。けばけばしい「近代」とやらに立ち向かい、必要ならば、けばけばしさを一部取り入れても、日本は自立しなければいけない。そのために挙国一致を優先したからである。内輪もめをしている場合ではないのだ。しかし、認識が甘かった。幕府は全国的な統治能力を疾《と》うに失っている。朝廷や雄藩連合も頼りにならない。為政者連は、成る程、手続きや「常識」を巧みに言いつのり、筋道を説く。けれどもそれは結局、自身と自グループの既得権を擁護したいという話ではないのか。大変だ大変だと言うだけで、少しも「大変」を自覚していない。こうした救いようのない解決能力欠落者の群《むれ》を目にして、陽明学的潔癖さを宿した西郷が、「一新でないと駄目だ」と気づくのは遠くない。基本的に乱を好まない性格の西郷が武力行使に踏み切った心的過程には、リーダーシップが期待できぬ為政者の群をけちらすには、もはや文言や談判ではなく、ましてや腹の探り合いの類《たぐい》でもなく、ある意味明快なやり方しかない――そこへとかれの認識が達したゆえだといえよう。知行合一《ちこうごういつ》の念がこのとき西郷の行動の背中を押したのは間違いない。もはや国制大転換しかないのである。西郷は剣を持って立つと自達した。武職者が誕生する。それは「維新の大業」が急速に現実化する発火点であった。

試行錯誤の果てに、大転換へと舵を切り換えた西郷は意志が靭《つよ》かった。日本が選ぶのは慶喜主導の徳川政権でも、雄藩連合でも、公武連合でもない。天皇を中心とした新たな国家である。そう西郷は把握した。天皇中心といっても、勤皇家がいうような復古的天皇親政を本気で求めていたわけではない。鳥羽伏見の開戦も間近の頃、西郷は薩摩藩士・有馬藤太《ありまとうた》に向かって、〈ありゃ手段というもんじゃ、尊王攘夷というのはネ。ただ幕府を倒す口実よ〉（『有馬藤太聞き書き』）と言い切ったという。尊王も攘夷も、封建制から統一国民国家へ転換させる〈口実〉であり〈手段〉に過ぎぬというのだ。そして、天皇という具体的存在が、万世一系だからといって、それだけで天意と徳義を体現した存在だとは、陽明学徒西郷は見ていなかったはずである。どのような既存の権威も認めない内面自立の哲学・陽明学を身につけた西郷隆盛にとって、天皇を中心に据えればそれでいいというのは、あり得ない話であった。だからこそ明治の西郷は天皇教育に意をそそぐのだ。

明治四年（一八七一）十二月十一日付叔父宛の書簡で、〈昔日《せきじつ》の主上にては今日は在らせられず、余程《よほど》御振り替わり遊ばされ候段〉とかれは書いた。今はまともになったと喜ぶ西郷には、〈昔日〉の明治天皇への不満と疑義が前提にある。ここには、ミスティックな天皇無謬《むびゅう》の念は全く見られない。また同書簡の終わりには、天皇の〈尊大の風習〉がさらに散じ、〈君臣水魚の交《まじわ》りに立ち至り申すべき事〉を、〈変革中の一大好事〉と記す。〈尊大の風習〉はならぬと考える西郷隆盛は、皇国事大の観念から確かに遠い。

「私」の否定と肯定

なんといっても陽明学は、〈もし自分の心におしあてみて誤りだと思ったら、たとえ孔子の言であろうとも、それを是としたりはしない〉というおそるべき一節を、王陽明語録『伝習録』に収めた（「羅《ら》整《せい》庵《あん》小宰に答えるの書」）儒教の学系なのである（溝口雄三訳、以下同）。もしこのことばの〈孔子〉を、キリストや仏典に、あるいは、マルクスでもいいが、それらに当て変えて、それぞれの宗教者や主義者の「態度」として設定したらどうであろう（陽明学、あるいは儒教が、例示されたものと同列の「宗教」や「主義」ではない、との批判は当然ありうるけれども）。自らの拠って立つ教えすらも疑い、納得できなければ否定してよいとしていることから、陽明学の宿した権威否定のヴィジョンが、いかに激越なレベルになりうるか充分に想像がつく。西郷にしても、儒教の重点的義務論たる五倫をとなえる村民に、「それは金看板に過ぎない」

と喝破している。自らの心におしあてて検証し、自らの心に実得しないうちは、どんな権威の言《げん》も所詮「金看板」である。そんなものに盲従的に頼ってはならない。西郷はそういっている。〈わたしが望むのは、いっさいの権威に依存することなく、自らの脚によって興起するかの豪傑の士に他ならず、それ以外に誰を待ち望むものがあろうか〉（『伝習録』「顧東橋《ことうきょう》に答える書」）と、王陽明は『孟子』の一節をもとにいう。陽明学は断乎として内面自立的である。たとえば「私」の反対概念であり、把握すべき徳義体系として説かれる「天理」にしても、「自己」の外にあるルールではない。本来的には「自己」のはたらきであるとして、陽明学は実存の絶対性を主張する。つまりは、主観の極限に成立しているものこそ、「天理」なのである。

そして、極端に自立的であるがゆえにこそ、陽明学は「自己」の在《あ》りかたに厳格さを求めてくる。敵は「自己」にからみつく「私」である。陽明学はその克服に厳しい姿勢を示す。盗賊を追い払うように、いささかの残滓《ざんし》も許してはならない、と説くのだ。この記述を含む『伝習録』上巻四十項は、同書中最も調子の高い箇所の一つである。同項の説くところは具体的で、自己の内省と人欲の克服は〈間断があってはならず〉とする。

〈何ごともない時にも、かの、色を好み、財貨を好み、名声を好むなどの『私』を一つ一つ追求し捜し出し、それが永久に二度と起らぬように、根ぐるみにその病根を抜きとってしま

うことなしには、絶対にこれでよしとはいえないのである。〉

私欲を見出す姿勢とは、猫が鼠を捕らえようと普段から構えているように、〈じっと眼をこらし耳をすませて〉いることだとも『伝習録』はいう。そして、これを見出したときは（つまり、少しでも私欲が兆《きざ》したら）、〈釘《くぎ》を斬《き》り鉄を截《た》つほどに、相手からいっさいの手だてを奪いとり、穴にかくれたり逃げだしたりする余地もなくしてしまう〉くらいの厳しい克服行が必要であると示す。「私」のありかを自ら点検し、日常的に、〈釘を斬り鉄を截つ〉ほどの力で〈根ぐるみ〉断ちきる。この異常ともいえる実践行を経てはじめて、まともな「自己」が成立すると説く。

「私」を否定する考えは東洋思想に広く見られるものだが、当然ながら、その結果成立する「無私」もまた、別のかたちをとった「私」である。このことに我慢がならない思弁家は、「無私の私」をさらに「無私」にしようとする。その結果にある「無私」をもまた……といった無限否定をくり返す。その果てに、今度は、一種の全肯定へと発想を逆立させるのである。仏教思想が中観から金剛へと跳躍するのがその典型となるが、では、同じ東洋思想たる陽明学はどうか。

端的にいおう。上記『伝習録』上巻四十項でわかる如く、陽明学もまた、「私」を徹底的に討伐する。とはいえ、その後に「無私」があらわれるとはしない。天の意と一体化した「(善なる)私」があらわれるとする。私欲や我執の類である「私」を脱ぎ捨てれば、本来の、善意志――公共的な徳義観念といってもいい――の純化体である「私」(まぎらわしいので、本書ではこれを「自己」としている)があらわれるとするのだ。このプロセスを踏むのが陽明学の基本姿勢となる。〈釘を斬り鉄を截つ〉ほどの「私」の絶対否定が、〈吾が心は即《そ》くこれ天理である〉(明治四十四年、春日潜菴《せんあん》『陽明學眞髓』)と言い切るほどの、「私」(「自己」)の絶対肯定を導く。

仏教が複雑な思弁を経て否定から肯定へと位相を転じるのに対して、陽明学の場合は転じ方に快活なところがある。この快活さが「行動」という、ある意味過激なものを呼び起こし、同時に、ある種の天衣無縫《むほう》な印象を行動家に揺曳《ようえい》させた。欧州の「革命」にはどこかに陰惨でシニックな影がつきまとう。明治維新はそれがいくぶん薄く印象されるのは、主要運動家の精神にあった陽明学的なものが一役を担っていたからだと思われる。

「真空」からの出立

幕末の擾乱時代、「私」の誘惑を断ち切った陽明学徒が、天の意としての徳義を把握し、それが失われている現実に憤然とし、徳義を取りもどすためのたたかいをはじめる。西郷隆盛の有名なことば、〈命もいらず、名もいらず、官位も金もいらぬ人は、仕末に困るもの也。此の仕末に困る人ならでは、艱難《かんなん》を共にして国家の大業は成し得られぬなり〉（「南洲遺訓《いくん》」）は、陽明学の考えと響き合っている。かれがありうべしと想念したのは、欧米「近代」とは似て異なる自立国家だった。それはひとびとの自由や平等を基本認めるという意味で、近代社会に一定馴染む国家制度であったが、当時、世界に覇を唱えだしていた欧米的「近代」ではないという意味で、あたかも「真空」から獲得するような国家体制であった。〈命もいらず、名もいらず、官位も金もいらぬ人〉が成すのは、がつがつした強欲の国であるはずはない。明らかな毒物である阿片を売りつけ、民生荒廃という当然すぎる理由からそれを拒否した国を武力で屈服させるような、非道の「近代」ではありえない。

西郷隆盛は日本近代を「真空」から出立せんとした。「真空」はがらんどうではない。世俗の悪習や為政者の我執、折り重なった自利の病弊をすっかり取り払ったところにある、透明なもの、本来的なもの。正義の念や惻隠《そくいん》の情といった調和回復感覚に満ちたところ。それは、〈人々があいともにその生活を安んじつつ〉〈大同が実現〉（『伝習録』）するために、決定的な根拠になると把握される。そして、陽明学徒西郷にとって〈自得する所の見解〉は、〈社会的衝突の烈火中に於《おい》て鍛錬せしもの〉（明治三十三年、井上哲次郎『日本陽明學派之哲學』）であった。沖永良部島から、〈烈火〉たる維新運動の表舞台へと還ってきた西郷は、生来の温容をかなぐり捨て、勇猛になっていた。〈烈火〉のなかで自ら得た〈見解〉とは――もはや微温的な「公武合体」

ではない、目指すは「真空」のなかから立ち現れるような新国家である。今度は西郷自身が〈烈火〉となった。

その把握へとすすむ前夜といえる時期、維新史の舞台中央に押し出されるのを予感した西郷、沖永良部島から革命運動の中心地に還ろうとしている西郷が、〈先づ余をして天下の形勢を談ぜしめよ〉と切り出したのだ。天下についてためらいなくしゃべり出した。家人や使用人にさえ怒ることは滅多になく、口数少ない茫洋人だったかれが怒を発する。口論を嫌い、それを避けるための気配りを欠かさなかった西郷隆盛が、自らすすんで論を張った。天の意を違《たが》えたかのような旧態依然。かれらに日本を立ち直らせるなどできようか。沖永良部島召還時の怒は（のち征韓論論争のときの怒と同様）、維新者西郷の堪忍袋の緒が切れたところから発せられた。一新のための動力を西郷という一人の人間へ結集しようとする、ひとびとの思惑が渦巻く。西郷はそれを引き受ける。引き受けた証《あかし》こそ、かれの怒なのである。陽明学徒西郷が立ちあがった。

宇野哲人『中国思想』は明治四十三年、國學院大學での夏期講習会をもとに成された。そこで宇野は、「致良知《ちりようち》」こそが王陽明の独創であり、思想の核に据えられる考えであると説いている。陽明学では、万物が具有し、そこから万事が発展する心の本体こそ良知とされる。心の基層にある良知を致す（致良知）、それは、どういうことか。私欲や妄念に曇らされない、というところまで突き詰めて把握された、自らの理非観を絶対化することである。しかも陽明学は「事上磨錬《じじようまれん》」を説いた。実際に行動し、それによって精神を錬磨せよ、である。その果てに、至善として絶対化された「良知」を把握せよ、であった。変革の一季にこうした発想が行動家・実践家の魂に宿れば、決定的な動力を生む。どのような既成の俗態よりも、自らの理非が把握した理想型のほうに意味があるとし、その実現のために行動する者が陸続と現れれば、回天事業への動力は国じゅうに満ちる。そのなかの重要な一人・西郷隆盛に、もはや自己放擲《ほうてき》は無い。自己放擲も結局、「私」から来る。西郷は〈釘を斬り鉄を截つ〉ほどに、それを退治し続けたのだ。

幕末の陽明学徒

西郷と陽明学。ここでその深い交わりを人的関係から見ていきたい。評伝上の出来事を辿《たど》っていくと、次の人物が特筆の対象になる。

1　無参《むさん》禅師・伊東潜龍《いとうせんりゆう》

西郷が初めて陽明学に触れたのは、青年時代、鹿児島においてであった。きっかけを作った者として二名が挙げられる。

一人目は禅師無参（天明二年〔一七八二〕～嘉永四年〔一八五一〕）である。門弟の略伝によれば、無参は、仏教に帰依する前に陽明学を修めた人物だった。曹洞宗の僧ながら、「陽明学から入った禅僧」という特殊な位置にいた。勝田孫彌『大久保利通傳』（明治四十三～四十四年）は、大久保の父・次右衛門について、〈常に気節の士と交わり、夙《つと》に王陽明良知の学を慕ひ、又禅学に通じ、有名なる無参和尚とは、殊《こと》に断金の交ありき〉と記している。無参は西郷の父世代においてすでに名高い存在だった。もとより禅は、薩摩で広くおこなわれていた。西郷と同年代の薩摩藩士だった重野《しげの》安繹《やすつぐ》は、〈武士のたしなみといふことは大抵禅学から来て居ることが多い〉（『重野博士史学論文集』下巻「西郷南洲逸話」）とその藩風を伝えている。

無参は士族出身の面白い人間だったという。島津家菩提寺・福昌寺の住職となり、在郷の薩摩士族に禅を指導した。青年西郷隆盛が無参のもとで参禅したというのは従弟《いとこ》大山巌《いわお》（のちの陸軍大将）が伝えているし、十九歳の大久保利通が無参の法話を聞いた話は大久保日記に出てくる。維新の大業を成したかれら人士が、若き折、無参から禅学を教授されるなかで、陽明学的発想も受け取った可能性は小さくない。西郷・大久保の出生地加治屋町《かじやまち》は、百余戸の小路に大山巌、黒木為楨《ためもと》、東郷平八郎など明治の有力軍人を出したことでよく知られているが、幕末に向かう時期、かの地に「陽明学から入った禅僧」の思想的影響があったことは重要であろう。それが背景にあって、青年西郷は、陽明学に触れる機会をごく自然なかたちで持ったのではないか。

西郷がより直截に陽明学と出会うのは、伊東潜龍（文化十三年〔一八一六〕～明治元年〔一八六八〕）を通じてであった。〈潜龍は恐らく鹿児島に於ける最初の陽明学者であつたらうと思はれる〉と井上哲次郎「西郷南洲の思想系統」は記し、鹿児島へ本格的に陽明学を伝えた人物だとしている。潜龍は江戸に学び、佐藤一齋《いっさい》の門へ入った。とはいえ井上によれば、潜龍は一齋の傑出した門人とはいえず、また、徳義上感服できぬ人物のところへも招かれると平気で行く面があったらしい。それゆえ西郷は最初、潜龍に敬服の念は抱けなかったという。それでも講義を聞く機会を得たのちは、陽明学という新しい教えに急速に惹かれて行った。潜龍の力量というより、陽明学が西郷の気質に合った点が重要であろう。

若き西郷が無参や伊東潜龍から受けた陽明学の様相については、今となっては詳しくトレースしがたい。潜龍に著書はあったが、井上哲次郎によれば、先達の書いたものを引用紹介する内容にすぎなかった。いずれにせよ両者は一級の陽明学徒とはいえない。西郷への影響も入門的なレベルに留《とど》まったと推測される。

2 佐藤一齋

安永元年（一七七二）に生まれ安政六年（一八五九）に歿した佐藤については、すでに前章で触れている。朱子学を表看板に持つが、陽明学を根柢に据えていた幕末の大儒官である。西郷と直接の深い関係こそなかったが、伊東潜龍を通じて一齋思想は若き西郷に伝わっていたと思われるし、維新の行動者となった西郷は、一齋の語録「言志四録」を自身で抜粋筆写し座右に置き愛読していた。佐藤一齋の思想に非常な思い入れがあったのは、西郷が、弟子たちや、明治になって鹿児島に創った私学校の生徒たちに、一齋の語録を読ませ、誡《いまし》めとさせていたエピソードからもわかる。西郷隆盛と陽明学というテーマでは次の潜菴《せんあん》と並ぶ最重要人物だといえよう。

3　春日潜菴

春日潜菴は文化八年（一八一一）八月三日、公卿の久我《こが》家に仕える臣家の長男として、京都に生まれる。十二歳で父を失い、家は落ちぶれ艱苦の少年期を送った。はじめ画家になろうとしたが、常に論語を読んでいた父に倣い儒教を学ぶ者となった。自ら語るところによれば、〈予生れて十歳にて経を誦《じゆ》し、二十にして史を読み、始めて程朱諸儒《ていしゆしよじゆ》の説を奉し、年二十七にして深く王子の教を信ぜり〉とある（明治三十九年、春日精之助編『春日潜菴傳』）。若年時代すでに王陽明の著作を読んでいたが、幕府公認の朱子学からすれば異端の学であり、官家の跡取り息子潜菴にはみだりに傾倒できないものであった。しかしその魅力は潜菴をとらえて離さなかった。

心中深く往来していた。そして、二十七歳になり王陽明全集を得たのを機として、遂に日夜誦読数十との没入を示したのである。これによって朱子学から陽明学へと、学風の回転が成された。師の鈴木撫泉《ぶせん》はこの変貌をおそれた。異端の学に心を奪われた弟子を深く憂慮したのである。撫泉の高弟たちも心配して何かと斡旋を試みたが、潜菴の意志は固く翻意はできない。

春日潜菴は陽明学者として身を立てた。異端の学とはいえ同志はいる。実際、同時代には大塩平八郎がいた。潜菴は大塩を浪華に訪ね、親しく交流せんとした。天保六年（一八三五）のことである。訪問日はたまたま大塩亡父の忌日であった。辞去せざるを得ない。その後も面識の機会を窺《うかが》いつつ成せないまま、潜菴は、大塩平八郎の乱（天保八年）を迎えるのである。天保飢饉が暗く世上を覆うなか、飢餓に苦しむ窮民を救済せんと陽明学者が兵を挙げたのだ。大塩の乱が勃発すると、与党と目された潜菴は幕府の探索を受ける身となった。しかし、乱との直接の関係がないことがわかり、責を免れる。乱後、叛逆の思想とされた陽明学はさらなる「異学」視を受けたが、潜菴は撓《たゆ》まず王陽明の説を講じ、そのことで〈名声頗《すこぶ》る海内《かいだい》に噪《さわ》がしく〉なったと『春日潜菴傳』は記している。

なお、春日潜菴と佐藤一齋は交流がある。はじめに接触してきたのは一齋のほうで、門弟に托して言を伝えてきた。この事情を記した一齋の書が残っており、短い文中で潜菴について、〈相感ずるの道如何《いかん》〉〈相感ずるの際に至りては〉と、〈相感ずる〉を二度も書いている。「お互いに認め合う道はありうるのだろうか」という訳だが、心底で通じ合うものを感じていないと、こうした書き方はできない。弘化四年（一八四七）のことである。

　幕藩体制側の大儒者・一齋と、在野の人・潜菴はやがて、面談の機会を持つことになる。嘉永六年（一八五三）七月、十二代将軍・徳川家慶《いえよし》薨去《こうきょ》にさいして、潜菴は、久我家の納経使として江戸へと上る。このときかれは一齋を訪問した。訪問は二回で、一は官舎、一は別荘だった。満年齢で一齋八十歳、潜菴は四十一歳のときに当たる。一齋はきわめて丁重に潜菴を迎えたという。二人はただ酒杯の間に〈本邦諸儒の行事嘉言《かげん》を談するのみ〉（『春日潜菴傳』）であった。一齋が潜菴に自著草稿を示し（海防策に関する内容だった）、潜菴は読んで黙すのみという一事こそあったが、教理に関する論議も、政治に関わる意見交換も結局避け、ともに名を知る儒者の話を肴に酒を酌み交わすだけとなる。大知識人同士であり、体制と反体制に分かれる立場の違いもあって、野暮になりそうな遣り取りからは賢明に遠ざかったのだ。一齋が歿するのはこの対談から六年後であった。

　かのとき幕末維新の変革期が到来する。国じゅうを包んだ閉塞を打ち破る動力として、叛逆の思想陽明学はむしろ志士の心棒を貫くものとして期待された。上級公家の家政執政者として名をあげた潜菴は、その見識を頼られて、次第に国事画策の要人となっていく。倒幕派公卿の三條実萬《さんじょうさねつむ》（三條実美《さねとみ》の父）し連携をとりながら、京都において急進派を支援する、ある種の政治的人物へと姿を新たにしていくのだった。

そして、天下の形勢がいよいよ容易ならざる状態となった慶應元年（一八六五）になると、上京区上立賣室町の潜菴邸はあたかも謀議一切の蠢動地となる。潜菴の邸にはのち維新史の中心人物となる者たちがさかんに出入りする。そのなかに大久保利通、木戸孝允《たかよし》、後藤象二郎らと並んで西郷隆盛の名前もある。かれは潜菴に学び、その影響を存分に受けた。重野安繹は「西郷南洲逸話」で西郷が平常より推服していた人物を挙げていくが、地元薩摩藩の先達、勝海舟や藤田東湖《とうこ》ら維新の傑物とともに、〈学者では京都の春日讃岐守（潜菴）〉と特記している。そして〈西郷は之を信じて居つた〉と述懐している。井上哲次郎もまた〈西郷南洲深く彼を信じ〉と記しており、西郷の陽明学はかなりのところ、潜菴から来ているとみて間違いはない。

潜菴陽明学の独自性は、劉蕺山《りゆうしゆうざん》の「慎独《しんどく》の功」説を取り入れ、到良知がたんなる「私知」に堕して狂肆放蕩《きようしほうとう》（ほしいままにふるまう）となることに対し、一定の歯止めをかけようとする志向にあった。「慎独の功」は読んで字の如く、おこないを自ら慎む実践ということであり、浮ついていないかを常に自省する努めだった。「行動だ行動だと騒ぐ前に、独り慎んで雑念を去らせよ」である。それは大塩的な暴発から、戦略的姿勢へと陽明学の行動哲学を変化させ、「情勢をふまえた上での暴発」へと転換させるのに一役買ったと考えられる。結果、日本陽明学は大塩平八郎よりいくぶん穏当にはなったが、複雑な力関係のなかでの革命実践という意味では、むしろ有効なものになった。そして、乱を好む訳ではない性格の西郷隆盛にとって、潜菴の陽明学はより適合的であった。

明治維新成就に決定的な役割を果たした春日潜菴は、新政府のもとで一時は奈良県知事となる。県下の巡撫に努めたが、幕府親藩の者を優待し賊に通じたとのあらぬ咎《とが》を受け、獄に繋がれた。まもなく獄舎から解かれたが、潜菴は以後、「もうごめんだ」とばかりに官途を辞し、在野の一教育者として晩年を送る。その生き方は、維新第一等の功労者でありながら、威風を張れる廟堂人《びょうどうじん》の立場をあっさり捨てた西郷隆盛と相通じる。

政府からの出仕要請を断り、二千石の賞典・正三位の位階はただちに返上、故山に帰臥していた時期の西郷が、同じく在野の人となった潜菴の経済苦を案じて、謝金五十円を弟小兵衛《こへえ》に託して渡そうとしたことがある。しかし潜菴は、〈今や禄薄しと雖《いえど》も、未だ絶無に至らず、敢《あえ》て辞謝す〉と言って、再三の厚意も受けなかった（『春日潜菴傳』）。「なんとか食っていけるから、構わないでくれ」と応じるのみだった。このあたりは、のち最有力の参議（首相に当たる存在だ）となり首都東京で暮らしながら、その生活は「みすぼらしい」といえるほど質素で、財産に無関心だった西郷の姿が重なってくる。二人の恬淡《てんたん》とした肖像は、失われた世界の住人を見るかの如くに、懐かしく印象深い。

潜菴が没したのは明治十　年（一八七八）三月二十三日だった。西郷南洲が自裁し、西南戦争が終わってから半年後に当たる。享年六十八。波瀾の生涯の果てに、当時では比較的長命にて生を閉じた。

民衆のために

陽明学は十五世紀末の明代《みん》中国に興った。その歴史的な第一の役割は「儒教の民衆化」であり、これが中国陽明学の大動脈となる。儒教は道徳完成の学といえようが、官僚や士大夫（知識人）に、いわばエリート層に留まっていた。ゆえに読書だ静座内観だといえたのである。そのうえ、出世猟官の方法としてあった儒教的教養は、当然ながら、知識人の博学多才競争に堕する。陽明学はこれを批判してあらわれた。

明代の中国は、それまで支配層＋知識人＋武人の興亡史でしかなかった中国史に、「民」という無視しがたい勢力があらわれる画期であった。治め、教化する対象にすぎなかった「民」が、自立して、自生的秩序を村落共同体のなかに作り出そうとする時期が来ていた。耕し、ものを作り、猟をして、商売に励む日常に在った民衆に、書斎の思索に専心せよ、などとは無理な相談である。みなそれぞれに事業があり、雑多な生活行為がある。もはや上からの教化ではなく、かれら民衆と同じ地平に立って道徳完成の道を歩むべきではないか。その時期に来たのではないか。儒教も変わらなければいけない。かくして生まれたのが知行合一《ちこうごういつ》であり、心即理の発想であった。書物と静座ではない、具体的生活の実践のなかで、儒教道徳の完成を目指す思想運動がはじまった。これが陽明学である。王陽明は、朱子学が『大学』を講ずるなかで説いた「新民」（民を新たにする、つまり教化する）ということばを、「親民」（民と親しむ）に置き換えた。このことは陽明学運動の性格を象徴している。

　中国陽明学がこのような出自をもったのは、王陽明が正統知識人的でないことからも窺える。かれは当時のエリート層がそうであったように、科挙《かきょ》（官僚登用試験）に受かり進士《しんし》となるために勉学生活に就いたが、身につかず会試に落第、ついに漂泊の日々を送ることになる。任侠の徒と交わり、神仙の道に遊び、文学と哲学に耽溺《たんでき》した。その後、書斎に戻り進士に合格、官僚となるが、この服《まつろ》わぬ者はとうとう時の権臣・劉瑾《りゅうきん》と衝突して左遷される。言葉も通じぬ辺境の地、毒虫が飛び交い、猛蛇が這い回る夷人穴居《いじんけつきょ》の土地・貴州龍場《りゅうじょう》に追いやられた。体制からズレていった不敵な知識人が混沌の民衆世界へと下降していった。そこに見出されるのは日々の実践を生きる生活者の群れであった。

　やがて蛮地の王陽明に思想家として起点のときが訪れる。夢のなかで何者かと論議していた陽明は、唐突に「心即理」の認識に到達したと伝記資料は伝える。「龍場の悟り」といわれる瞬間だった。朱子の説――事物はあるべきあり方をそれぞれ具《そな》える、つまり道理は自己の外にあり、その把握に努めよ――は誤りだ、判断している自己の「心」の内にこそ道理がある、というテーゼであった。このテーゼは既成の概念、ルール、条件に引きずられることを拒否し、自己の「心」がとらえたものを絶対視する過激性を導き出す。後代のあらゆる為政者にとって危険きわまりない思想が呱々《ここ》の声をあげたのだ。

「下降」志向の知識人による行動哲学として中国陽明学は生まれたが、下降によって真理を把握するというのは、日本の知識人にとって、古来成熟のためにむしろ必要とされたやり方であった。たとえば、仏僧が抱いた「往還」の考え——仏理の高い峰へと苦行登攀《とうはん》して往《い》く時期を経て、今度は逆に、衆生済度のため山を下りるように民衆のなかへ還《もど》っていく。こうした「還」行動への志向は浄土門の僧を中心に広くおこなわれていた。中国陽明学は明代に発芽し、清《しん》代初期を中心に花ひらいたが、清末には次第に消えていった。一方で、海を渡って日本の風土で根付いたのは、日本知識人のこうした「下降」志向が一役買ったのだろう。

武士のエトスとの結合

中江藤樹にはじまる日本陽明学は、江戸時代を通じて〈官府の教育主義〉となった朱子学に対し、その〈単調一趣の弊《へい》を打破〉するものとして独自に成長した。それは〈民間の学者〉によって唱道され、しだいに〈平民主義〉の様相を示してくる（井上『日本陽明學派之哲學』）。近世階級社会を転覆する動機を宿し、しかもそれを書斎の思索に留めず、たとえ浅薄《そうはく》迂闊《かつ》といわれようとも現実的行動へと飛躍させる志向を内包する。当然ながら、中央に座する朱子学は、謀叛《むほん》の学としてこれを蛇蝎視《だかつし》した。かくして地下水脈に鬱屈させられた日本陽明学は、大塩平八郎の乱でいっとき地上に噴出することはあっても、依然として忌まわしいものとして猜疑の対象に閉じ込められていた。

そうした日本陽明学が、唐突に歴史の主舞台に躍り込んでくる。幕末維新の大動乱のなかで志士たちの心情を捉え、あるいは心情そのものとなり、行動原理としてかれらの精神を貫き、染めあげたのだ。実践者として横井小楠《しょうなん》を生み出し、佐久間象山を生み、吉田松陰、高杉晋作、そして西郷隆盛を生じさせた。以上は井上前掲書が挙げる人名で、このなかで横井小楠は一般には朱子学派と分類されるが、井上哲次郎はその思想と行動を分析しつつ、〈心術に至りては、王学の痕跡《こんせき》最も顕著なるものある〉と指摘している。日本陽明学の影響を受けたかれらは、新日本への構想力と行動力で、志士のなかでも一頭地を抜く者ばかりである。それぞれ気宇壮大《きうそうだい》で、こせこせしたところがみられない、まさに革命の時代が求める人間だった。日本陽明学はかれらの精神に刻印されることで、維新実現へ決定的ともいえる力をもたらす。抑圧され潜伏させられた儒教の一セクトに過ぎないものが、朱子学をはじめ仏教ほか当時の日本に広くおこなわれていたどの思想もできなかった離れ業《わざ》を成し遂げたのだ。

佐久間象山は攘夷派が喧《かまびす》しかった文久二年に、すでに英夷《えいい》、赤狄《せきてき》といった言葉だけの侮蔑語はやめよ、と鋭い指摘をしている（松本健一『開国・維新』）。それぞれイギリス、ロシアの意だが、夷だの狄だのといって気炎をあげる攘夷派に救いようのない莫迦《ばか》さ加減を認めていなければこうした発想は出て来ない。横井小楠は米国大統領ワシントンを理想の治者として評価した。世襲批判をもとに共和制をも視野に入れ、尊王が一大メジャーだった幕末日本において「天皇なきナショナリズム」の構想さえあった。そうした例を見るだけで、日本陽明学の、権威に囚われぬ〈高調子《たかちょうし》〉（勝海舟のことば）が印象される。〈殆《ほと》んど世界を吞吐《どんと》するの気象〉（井上前掲書）が伝わってくる。

本家中国では「儒教の民衆化」として生まれた陽明学だが、海を渡った日本では、武士階級のエトスに合うかたちに変容していった。民衆と倶《とも》に在りという姿勢が弱められ、知識人の内面を鍛える方法として展開したと溝口雄三はいう（中公クラシックス『伝習録』「解説」）。勿論日本陽明学にも、民衆に寄り添う姿勢は濃厚にあったはずだ。大塩平八郎の義挙は飢饉のなかでの貧民救済であり、西郷隆盛は「塗炭《とたん》の苦しみ」から民を救うべく立ち上がった者を称揚する。ただし、日本陽明学は「民衆化」そのものではなく、民衆を救う主体がいかに自己確立すべきかに重きをおいた。その点では確かに知識人の内面修養法であった。行動する自己の倫理的純化が主目的として把握される。私心、私欲を探しだし、自ら退治することで、一種の公共道徳の権化となる。これぞまさしく「天の意を受けて立つ者」である。日本陽明学は「天理」を受けた者として自己を徹底的に鍛えあげる。それは武士のメンタリティとも親和的であり、やがて武職者西郷の心棒に流れ込み、明治維新へと国を動かしていく巨大な動力を生みだすのだ。

久坂玄瑞の選択

沖永良部島から鹿児島の港に戻った西郷隆盛は、牢中生活が祟《たた》って足は立たず、駕籠《かご》にて自宅へ帰る仕末だった。元治元年（一八六四）二月二十八日のことである。翌日、福昌寺にあった島津斉彬の墓には這《は》いずりながら参詣したという。体の状態はままならなかったが、西郷に安穏の日はない。三月四日にはもう、村田新八とともに鹿児島を出帆している。京都着は十四日。十九日には軍賦役《ぐんぶやく》となった。薩摩藩兵を率いる軍事指導者となったのである。近代戦の武職者がここに誕生する。

初発した武職者がまず動いたのは倒幕ではない。むしろ逆で、公卿たちが赦免に動いた長州のほうを倒すとしたのである。かれらが横暴だったからだ。怒を発した西郷は明確だった。「正義」に叶《かな》わぬ行動をとるならば、誰であっても許さない。尊王攘夷の旗をあげるのをいいことにして、実際は〈狂肆放蕩〉の徒に堕した存在を俺は認めない。俺は一橋慶喜＋会津藩のほうを断乎支持するとした。そして長州討伐の軍を動かす。武職者の、最初のたたかいがはじまった。

禁門の変（元治元年七月）とよばれるこの戦闘で敗れた長州藩兵のなかに、久坂玄瑞《くさかげんずい》がいた。高杉晋作と並ぶ松下村塾の俊英といわれる。その久坂もまた、陽明学を支持していた。かれは書簡で次のように書いている。

〈心術を鍛錬し生死を脱離するは姚江《ようこう》学、実に捷径《しょうけい》にして吾輩之学問に甚だ的当《てきとう》するなり。〉

（岩波書店版『吉田松陰全集』第九巻収録）

生死達観のために、陽明学（姚江学）は自分が学ぶものとして至当である、と表明していた。南洲最初のたたかいで敵味方に分かれた指導者同士、生者と死者に分かれた者同士に、西郷と久坂という、陽明学に惹かれた有力志士がいた訳である。このことは、維新運動と陽明学の深い関係をあらわした、象徴的出来事だといえると思う。

〈能動的ニヒリズム〉

三島由紀夫は割腹（昭和四十五年〔一九七〇〕十一月二十五日）直近の同年九月号『諸君！』で「革命の哲学としての陽明学」を発表した。理念と行動の間にある〈真っ黒な深淵〉を飛び越え、革命家は行動する。その動機を支えた陽明学について、三島は〈能動的ニヒリズム〉だとの有名な位置付けをおこなう。それは、内村鑑三『代表的日本人』が説く〈進歩的前望的にして希望に満てるものであった〉（鈴木俊郎訳）との陽明学観とは、なにやら両極に引き裂かれた印象をもつ。希望に満てるニヒリズム？　狂熱的でデモーニッシュな面を強調した三島由紀夫と、神の道と愛を見出した内村鑑三が、矛盾したまま交錯している。そして、内村は同書で、〈太陽の光のように明るく澄み切ってい〉た人物として西郷を描き（鈴木範久訳）、三島のほうは同論文で、ディオニュソス的な大塩平八郎の死の叙述に続けて、〈不思議な反知性主義〉の行動家として西郷を描いた。つまり二人は陽明学を説いているのではなく、自らの陽明学を説いているのである。

　ところで、三島由紀夫にはもうひとつ、西郷についての文章「銅像との対話」がある。昭和四十三年四月二十三日の『産経新聞』に載った。上野山の西郷像を見たときの印象を書いたエッセイで、夕刊紙面掲載ゆえ、もとより短文である。そこには「革命の哲学としての陽明学」にあったぴりぴりしたものはなく、リラックスした作家がいる。西郷像と対面した三島は、〈西郷さん〉に向かって語りかける。

　〈あなたは涙を知つてをり、力を知つてをり、力の空《むな》しさを知つてをり、理想の脆《もろ》さを知つてゐました。それから、責任とは何か、人の信にこたへるとは何か、といふことを知つてゐ

ました。知つてゐて、行ひました。〉

三島は西郷の〈心の美しさ〉に素直に向き合っている。美しいのは、西郷の心であるとともに、三島の心でもある。「革命哲学としての陽明学」には直観の鋭さがあふれている。が、どこか急《せ》いた、般若面《はんにやめん》の作家がいる。比して「銅像との対話」の三島はどうか。その文章を読めば、なぜか、作家と並んで西郷像を見上げているかのような、不思議な親近が得られる。三島はさっぱりとした表情をしている。湯上がりで夕涼みをしているときのように。

どう見ても格好いいとは思えない上野山の銅像――非ギリシア的で、五等身で――、そのユーモラスなところに、三島由紀夫は却って、悲劇の巨大さを発見した。西郷隆盛には、西洋の革命家にみられるシニシズムの暗がりが見出しにくい。この和風の革命家は、どこまでも愛嬌のある自然児であった。そこが好ましいのだ。そして、愛嬌ある自然児が「近代」の門口《かどぐち》に立ち、時代の子として生きた悲劇の深さに、筆者も三島と同じく感慨ひとしおになる。

上野山のユーモアあふれる銅像――ギリシア的肉体美はなく、ディオニュソス的でもアポロ的でもなく、シニシズムへの囚われも印象されない、暢気《のんき》な自然児ともいえる姿――、その西郷と対面し、かれが実際に生き、活動していたことを想起するうちに、わが国に、西洋とはちがった、もう一つの「近代」がありえたかもしれぬというわずかな可能性が、幻視のなかで立ち現れることもあるだろう。

凡人の道

やがて三島由紀夫は、幻の声を聞くことになる。

〈おいどんはそんな偉物《えらぶつ》ではごわせん。敬天愛人は凡人の道でごわす〉

そう語った〈西郷さん〉は、いつもの如く、茫洋たるまなざしを送っていたはずだ――日本近代百年に向かって。

第四章　仁侠《ベイヤール》武士の悲歌

——政治の冷酷と死者への思い

入水をめぐって

小林秀雄は林房雄と論争になったことがある。南洲《なんしゅう》西郷隆盛をめぐってであった。牧野伸顕《のぶあき》『回顧録』に出てくるエピソードである。牧野は東京・永田町の星ヶ岡茶寮で呑《の》んでいた。小林、林がおり、河上徹太郎も一緒であった。文士にとって常在酒場は偽悪なのか惰性なのか、あるいは一種の生理なのか（含羞《がんしゅう》もきっとあるはずだ）。不粋《ぶすい》な検討は扨措《さておき》、小林、林に河上、牧野を加えた一騎当千の一団が、杯を交わしていたのである。河上徹太郎「三代の交遊」で点描された記述がこの日のことだとすれば、昭和十年代半ば、食料の事情が悪くなりはじめていた頃だった。戦時日本である。

林房雄は長編『西郷隆盛』を書いている。西郷が東洋的人格の典型として、日本人好みの人物と受け取られるのは何故か。その問いに答えんとしたのが執筆の動機だと林は述べている。西郷的なものへの敬意が、時代を超えて少なからぬ日本人の精神に伏流水のように流れ続ける理由とは。たしかにこれは日本と日本人にとって重要な問いである。当時林房雄は、伊藤博文を主人公とした大著『青年』『壮年』を書き続けていた。その途上で直覚した。伊藤博文によって描けるのは「明治の性格」にすぎず、「明治の精神」ではない、と。かくして、「精神」の在処《ありか》をめぐり『西郷隆盛』の筆が執られた。

未完（連載中）の段階で、小林秀雄はこの作品を書評にて採りあげている。そのなかで小林は、〈歴史に窺《うかが》はれる「自然」を尊重〉しつつ、歴史の方から〈その秘密を明かしてくれるのを忍耐して待たうといふ度胸〉を持つことが、〈歴史を見る本当の方法〉だと述べる。そして、『西郷隆盛』の著者林房雄の〈態度〉には、こうした辛抱強さがあり、それは〈全く賛成だ〉と書いている（『朝日新聞』「文藝月評」、昭和十六年八月）。

同席者のうち河上徹太郎は、のち代表作として『吉田松陰』を成し、維新期の人物像を描いた。加えて牧野伸顕は、よく知られているように大久保利通の次男で、満十五歳のときに西南戦争を体験している。隆盛と利通は征韓論や西南戦争で対立したが、西郷家と大久保家は長らく親密であり、牧野は〈ほとんど親類も同様〉だと『回顧録』で述べている（実際、二重の婚姻関係もある）。牧野にしても、西郷の子菊次郎とは〈竹馬の友〉であり洋行中の付合いもあった。その牧野は西郷隆盛の人物について、〈元来 諄々《じゅんじゅん》と人に説くということが不得手で、ただ大体のことについて、いいとか悪いとか言うだけで、最後に一喝を下して片を付けるのが癖であった〉と評している（同）。

西郷に縁浅からぬ面々が集まったその日の酒席で、小林秀雄は林房雄を相手に、問いかけのように話を切り出した。僧月照との入水《じゅすい》事件（後述）についてである。西郷のような大望を持った者が、あんな死に方を選ぶのは僕にはわからない、不可解だ。そう小林は話した。西郷理解の先達に向かって、理由を教えてくれないか、といった趣旨だったのかもしれない。林房雄の小説『西郷隆盛』で西郷自身が入水動機について説明したことばに従えば、かれは〈ただ一筋の道のため〉、自らの〈けじめ〉をはっきりさせようとした。こういう考え方が小林には不可解だったのだ。西郷ほどの自発的な抵抗の精神の持ち主なら、国政一新という大目標の前に、一人の志士《なかま》の悲運に対する〈けじめ〉を貫くために死を選ぶなどあり得るのか、と問うていた。林房雄はただちに弁護した。西郷はそれだけ義に厚い人間なのだよ、と。君は「義」というものがわからない人間だな、との言外の響きが聞こえる。もちろん小林は引き下がらない。よしこの喧嘩、買ってやる、との気分になる。たちまち言い合いがはじまった。

〈酒も手伝ったかもしれぬが〉と、牧野は『回顧録』でコメントしている。たしかに、酒の勢いは考慮外とはできない。林房雄もかなりの酔狂者だが、小林秀雄の酒乱についてはエピソードに事欠かないからだ。河上「三代の交遊」にも、この日のことと思われる可笑《おか》しな記述がある。酔って意気さかんとなった小林は、〈牧野さんに抱きついて頭を撫《な》で、「お前みたいな記憶のいい爺イはメモアールを書いておけ！　きつと書くんだぞ。」と怒鳴つてゐた〉。たいへんな酒席である。〈爺イ〉と言われ、頭を撫でられ、メモワール執筆を命令（？）された牧野伸顕もひとかどの者で、後日会えば、〈いやなに、二・二六の時は機関銃の弾の下をくぐりましたから〉(同)と語る平然の士だった。

長い付合いのあった河上徹太郎は小林について、〈勘でものを見、江戸前の切口上でズバリといつてのける〉持ち味のなかに、〈徹底した一つの理想哲学〉があると指摘している（『わが小林秀雄』）。一方、プロレタリア運動を経た林房雄には、苛酷な政治のなかで人間がどうふるまうかの見識がある。反体制政治運動の極限のなかで、倫理と友情だけが純粋形となって迫ってくる場合があり得ることを知っている。お互い譲れぬものがあった。だから言い合いは鋭くなる。どちらも参ったとはいいそうにない。ついに河上が間に入って執《と》りなしたという。

西郷には、大きな目的のためには小事に拘《こだわ》ってはいけないとの、国事奔走者として当然の認識はあった。犬死を嫌ったのは第二章で指摘もしている。問題は月照とともに死を選ぶのが「小事」であり、「犬死」なのか、である。小林―林の俄《にわか》論争もそれが主題だった。

倫理面の担当者

西郷と同世代の薩摩藩士・重野《しげの》安繹《やすつぐ》は、島津久光の御庭方（庭の手入れ役は表向きで、機密の命を受け情報収集や工作に当たった）であり、斉彬《なりあきら》の御庭方だった西郷とは系統を別にしている。後年、実証を重んじる歴史学者になった。ゆえに西郷に対する見方も（さほど悪意はないにしても）かなりクールである。回想には西郷からの直話《じきわ》を基にしている箇所も多く、西郷伝の類《たぐい》に多い英雄傑物語《かた》りに比べれば信頼できる証言者だといえる。

その著「西郷南洲逸話」で重野は、西郷の人間性について、〈人と艱難《かんなん》を共にするといふところが持前〉だと評している。また、〈唯此《ただこの》和尚（月照）ならば生死を共にしようと云ふ考《かんがえ》が、初対面の時から起つた〉と西郷が語ったのを記録している。「国家」なる概念的なもののために行動することと、具体的な人間と〈艱難を共にする〉ことは、天秤に掛けられないが、西郷にとって、後者を犠牲に前者を成り立たせる訳にはいかなかったのである。〈双肩に新国家をになっていた〉にもかかわらず、西郷という男は、〈友人に対する人情と親切の証《あかし》として、みずからの生命をも惜しまなかった〉（内村鑑三『代表的日本人』、鈴木範久訳）のだった。このことが意味するものをめぐって、二人の文士が対決したわけだ。

田中惣五郎も書くように（『大西郷の人と思想』）、維新運動における西郷の重要な役割の一つは〈倫理面を担当した〉ことにあった。いくら理想と理念の旗が高く掲げられていたとしても、革命運動の現実は騒擾《そうじょう》であり、混乱であり、ときにむき出しの残虐であり、権謀術数の陰惨な事件史である。だからこそ倫理面を担当する存在が欠かせなくなる。殺伐とした時代である。変革のプロセスが否応《いやおう》なく殺伐とした局面を描く。そうであるがゆえに、却って、信頼感と希望をもたらす存在が必要になるのだ。倫理面を象徴する人物がいなければ、やがて政治のドス黒さは勝利を収め、私利私恨が渦巻き、疑心暗鬼の異常心理のなかで多くの同志《なかま》が破滅していくだろう。それではいけない。意識的無意識的にひとびとはそう思った。だからこそ、〈艱難を共にする〉という行動を一貫させた人間、〈人情と親切の証〉を保ち続けた人間を、「義の人」として指導者に担いだ。一八六八年の日本革命において、倫理面を担当する西郷を、林房雄は「義」ということばで説明しようとしたのだと思う。

〈一片の誠心〉

それでは、入水事件の西郷を〈不可解だ〉と言った小林秀雄は、〈艱難を共にする〉の価値がわからない取り澄ました評論家風情、変革期に倫理面の担当者が必要だということが理解できないシニカルな知識人なのだろうか。小林―林論争のときは、あるいはその面が長《た》けていたのかもしれない。しかし後年の小林秀雄はそうではない。小林は昭和三十七年の「福澤諭吉」で、福澤の「痩我慢の説」を引きながら、立国それ自体は高が〈国民の私情〉に過ぎぬと述べる。この実を確かめないから、〈忠君愛国などといふ美名に、惑はされる〉のだと書く。〈国民の私情〉とはすさまじい表現である（「一個人の私情」ならわかるが）。そのうえで小林の〈徹底した一つの理想哲学〉が着目したのは、国事行為者の〈心底にある一片の誠心〉のほうであった。入水事件の西郷が示したのは、国家事業という〈美名〉の切実性を捨て、おのれの〈一片の誠心〉を貫かんとする態度である。けじめとしてそちらを選んだのだ。

入水事件は、田中前掲書も指摘するように、〈西郷の義に斃《たお》るる精神〉を全国の志士に知らしめ、〈西郷ならば間違ひはあるまいといふのが定評〉になるのに決定的な役割を果たした。〈直接の敵たる長州藩においてすら西郷への信頼感は高まつて行つた〉のである。そして西郷へ西郷へとひとびとを結集させ、驚くべき維新の動力を生むことに結びつく。大望の前の「小事」にみえる〈一片の誠心〉のほうが、立国という「大事」を導いた。この逆説は政治と人間という主題を考えるとき、重要な示唆を与えてくれる。ひとりの男の〈一片の誠心〉への信頼が、〈美名〉を超えて維新の成立を決定づけたとしたら、この逆説的事態の意味を、戦後の小林秀雄なら正確に把握したと思われる。

〈一片の誠心〉の内実をめぐって、西郷の死者への態度を本章ではこれから見ていくことになる。動乱期に生きれば、無数の死に向き合わざるを得ない。死によって死者の時間は止まる。かつて艱難をともにし、先に斃れた人間の姿は遠ざかる。止まることで死者の存在は永遠のものになる。そのなかで「思い出」はむしろ重層化する。死者を思い出すということは、もはや情緒の問題ではない。明白なまでに倫理の問題である。生を繋いでいる者にとって、死者のためにできるのは、結局のところ、〈一片の誠心〉をもって、失われた者を「思い出す」こと、意識のなかにたえず分明とすることなのであろう。

西郷南洲は何編かの弔文（漢詩、祭文、碑文）を残した。さまざまな「死」が西郷南洲の生の光景に置措《おきお》かれている。死者たちは大道に斃れ、坂道で逆《さか》さになり、道端に冷たい体軀をさらしている。あるいは溝《どぶ》のなかにみじめに身を屈し、左右の山野に折り重なる。死者はまた、自刃して死者となる。沈黙しながら、あるいは正気の詞《ことば》をうたいながら。どれからも目を逸《そ》らすことはできない。内戦と弾圧、テロとクーデターの一季をかれは生きた。死者は家族であり、門閥《もんばつ》の内であり、幼馴染みや朋友《なかま》である。そして図らずも敵対者となった者、木物の敵――とはいえ、死者に弁別などありえようか。西郷が宿した〈一片の誠心〉からすれば、さらに、西郷が到達したといわれる〈敬天愛人〉の念からすれば、人間同朋として生の断絶を悼み哭《こく》する対象であった。かれらはつぎつぎと、口を二度と開かぬ冷たい骸《むくろ》となる。武職者西郷は夥《おびただ》しい「死」を見つめつつ、すべてを記憶し続けた。巨眼のなかに死の光景を捉え、いつまでも残影としていた。

無言になった者に対して、どうすればいいというのだ。息を吹き返すこともなくなった者に対して、どうすればいい。死者の無念を、無念に至る「歴史」を、「抱き続ける」しかないではないか。そして、自身の行動を支える倫理の柱とすることではないか。武断の気象を持ちつつも繊細な魂を宿していた西郷にとって、それ以外の方途などあるはずはなかった。ひとを傷つけまい傷つけまいと神経を行き届かせていた西郷である。それは気配りの技法などではない。

生まれながらの性分《しょうぶん》であった。他人の平和をみださないように、他家を訪ねても、玄関に立ったまま家人が見つけてくれるのを待ったというエピソード（内村鑑三の伝だが、川崎紫山《しざん》――黒龍会創設メンバーの一人――由来とみられる）は、西郷の人柄を示すものとして忘れられない。

些事に拘泥しない豪傑肌とよくいわれるが、西郷はそう単純な人間ではない。雑賀博愛《さいがひろよし》は、島津の姫様《ひいさま》の嫁入道具を調達する担当となった西郷を記すなかで、〈事大小《ことだいしょう》となくその任に当り、箪笥《たんす》・長持・鋏箱《はさみばこ》から、髪飾り衣類の調度まで配慮したものであつた〉と伝えている（『大西郷全伝』）。藩主斉彬の養女が将軍家に入輿《じゅよ》するときのことで、かなりの細やかな神経の持ち主でないとこうした仕事は無事に務まらないはずだ。雑賀もいうように（同書）、西郷隆盛は粗製濫造の豪傑でないことだけは確かである。胆が大きく茫洋人でありながら、ひとびとの心理を一瞬にして細部まで見抜く力があった。

そのかれは亡き人間をどう捉えていたのか。〈一片の誠心〉のほうからどう見つめていたか。その問いの答えをめぐって、本章は以下、死者を悼むかれの弔文を辿《たど》るのである。

僧月照

月照は大坂平野町在の町医者の子であった。叔父を継ぎ京都清水寺成就院の住職になると、近衛忠熙《ただひろ》の信を得、朝廷の勢力伸長のため政治工作をおこなう活動家に変じる。近衛忠熙―島津斉彬は姻戚関係にあり、その縁もあって月照―西郷の繫がりができた。月照の父玉井《たまい》鼎斎《ていさい》は讃岐国の貧しい小農の子だといわれ、その母も大坂市井の豆腐屋の娘だと伝えられている（昭和二年、春山育次郎『月照物語』）。またその人物は〈容貌ノ優シキヿ《コト》婦人ノ如ク〉であり、〈身材短小ニシテ中肉顔色青白ク眉《マユ》長シ〉（明治二十七年、田中安太郎『月照上人傳』）という姿格好であった。出自も外貌も全く武士的ではない。こうした人物がテロや斬り合いもおこなう武張った志士群のなかに交わり、重要な役割を担っていたことに、幕末維新期の特徴の一端が見てとれる。西郷も下級武士の出身であり、内村鑑三からは女性的な面もあったと指摘されている。ふたりの姿を並べて見ても、幕末期というのは、従来なら地場で小さな生涯を閉じてもおかしくない人間が、しかも決して武張る一方ではない複雑な性格の持ち主が、歴史の大舞台に躍り出てくる画期だったことが印象される。

安政五年（一八五八）九月、安政の大獄がはじまると、志士の検束が相次いだ。活動家月照にも捕縛の危険が迫る。このままでは捕囚の身になると、かれは大坂安治川口からまず下関へと海路を辿り逃れる。同道したのは西郷であった。十月、西郷は月照庇護を藩に訴えるために先んじて帰国する。月照のほうは筑前へと移ったのち、捕手の追跡を逃れるように平野国臣《くにおみ》とともに十一月、薩摩入りした。かのとき薩摩の藩情は決定的に変わっていた。開明派藩主・島津斉彬が七月十六日に急逝し、幕府寄りの勢力が巻き返して藩庁を押さえたのだ。斉彬の腹心だった西郷隆盛の訴えは、この情勢下、すっかり無視されることになる。お尋ね者など引き受けるのも迷惑だといわんばかりの「空気」が薩摩を包んでいた。労苦の道行きを重ねて薩摩入りした月照だが、たちまち日向へ追放されることになった。

西郷は時代の急転に暗然とした。このときかれは、深い失意の淵にあった。八方ふさがりの僧月照にしても、勅諚《ちょくじょう》伝達（幕政改革を促す朝廷の密勅を伝えたこと）や京都出兵など自身が関わった計画によって、多くの同志を結果として窮地に陥らせたことに対して強い責任意識があった。また、いずれ捕縛されれば、幕吏の厳しい追及によって、計画の内情を敵手に渡す心配があった。諦観もあり自裁を志向していた。西郷はどうか。斉彬公亡きあとの薩摩で、自分はまさに政治的な敗残者であった。たちどころに敵対派閥が要所を固め、未来は重苦しく闇に閉ざされているかに思われた。なにより、月照を守りきれない自分に落胆した。このときの絶望的な心理が、あたかも心中であるかのような、鹿児島湾での二人の入水自死事件（西郷は未遂）に繋がるのである。

入水事件で月照は逝ったが、西郷は大量の水を吐きながら蘇生した。自分だけが生き残ったことは西郷一生の重荷となった。その重荷はあたかも人生の宿題か何かのように、答えの出し所を求めていた。

距離の絶対性

明治七年（一八七四）十一月十六日、月照の十七回忌がおこなわれた。安政五年十一月十六日に歿して十六年が過ぎている。西郷一身にとって、この間は変転めまぐるしいものだった。革命の主演者として維新の大業を果たし、廟堂《びょうどう》を求めず故山に帰るが、岩倉具視《ともみ》らの説得によって国政復帰、征韓論政変で再び下野して故郷の山河のなかに生を着地させる。それが西郷の十六年であった。歴史的人物としての特筆すべき諸活動は、（西南戦争を除けば）この時期に集中している。一方、月照の時間は止まったままだ。

月照の墓は西郷家墓所の近傍にあった。十七回忌の席に、京都から寺男の重助《じゅうすけ》が鹿児島まで墓参にやって来る。かつての月照逃避行で従者として行動をともにしており、西郷と月照が海へと身を投げたときも同船に在って一部始終を見届けた者だった。

重助と一緒に墓参した西郷は、一篇の漢詩をつくり、捧げて、失われた者を追悼する。

相約投淵無後先（相約《あいやく》して淵に投ずる後先《こうせん》なし）
豈圖波上再生縁（豈図《あに》らんや波上《はじょう》再生の縁）
回頭十有餘年夢（頭《こうべ》を回《めぐ》らせば十有余年の夢）

空隔幽明哭墓前（空《むな》しく幽明を隔てて墓前に哭す）

［お互い約束して、あとさきなく一緒に身を投じたのに、どうしてあなたは死者となり、自分だけが再び生きる縁をもったのか。思えばもう十年をはるかに超える年月が経ち、時間の移りゆきは夢のなかの出来事のようだ。生死をへだてるむなしさのなかで、いま、あなたの墓の前に立つと、悲痛に胸ふさがれて泣声をあげるばかりとなる。］

西郷隆盛は漢詩作りを好んだといわれる。遠島時代からさかんとなり、先達の手ほどきを受けて上達していった。西郷の詩を直してあげたという人物に、重野安繹（前述）、川口雪篷《せっぽう》（書家、儒学者。南洲墓地の「西郷隆盛之墓」揮毫《きごう》者）、児玉天雨（薩摩藩士。昌平黌《しょうへいこう》に学び、詩画に長《た》けた）がいる。西郷の漢詩で現在までに確認されたものは『西郷隆盛全集』第四巻に収録されており、百七十九篇を数える。「月照和尚の忌日に賦《ふ》す」と題された上記作はその中の一点で、美文にして美文を食い破るかのような哀切をたたえた佳品である。

抒情表現に漢詩特有の定型のようなものはあるだろう。しかしここでは明らかに、生身の西郷が苦悩している。かれの真情が吐露されている。〈一片の誠心〉が何かを訴えているのだ。真情が生まれる根柢は端的にして絶対的な出来事である。一緒に死のうと言ったのに、あの男は死に、俺だけが生き残った――その一点であった。あの男の時間はそこで止まり、永遠となった。いまも残像が甦ってくる。死者と生者という距離の絶対性は変わらないなかで、自分だけが生を刻み日々の雑業に追われ、人間の浅ましさを存分に味わい、悔恨多き人生を辿っている。これを空しさと言わずして何であろう。いま幽明のスクリーンがひらかれ、古い光景を幽《かす》かに映し出す。痛切の感情が甦ってくる。

〈一片の誠心〉から西郷は「死」に向き合っていた。月照を、あの男を、あの気の良い奴を、死なせてしまった。俺は新生の世に生きている。それで心中安穏だろうか。俺だけが新時代で「立国の功労者」となり、栄典のなかに包まれる――そんなことはできるはずがない。死に遅《おく》れた自分は、墓前にあってただ〈哭す〉しかない。〈哭す〉ことのみが、ふるえる〈一片の誠心〉を沈静させる一助であるかのように。

高崎崩れ

死者をめぐる事情を求めて西郷の生涯を追うとき、満二十二歳のかれに生涯消せぬ精神的傷跡をつくった出来事を見落とすことはできない。薩摩藩の後継藩主をめぐる権力闘争、高崎崩れ（嘉永元〈一八四八〉～三年、嘉永朋党事件《かえいほうとうじけん》ともいう）である。島津斉興《なりおき》の後継者をめぐって斉彬派と久光派がぶつかった。お家騒動の類は江戸時代の諸藩で珍しくないが、薩摩藩にもそれがあり、西郷青年期に起きたのである。

この騒動で敗北したほうの派閥（斉彬派）には西郷縁者が多く、首謀者の一人に赤山靱負《あかやまゆきえ》がいた。青年西郷はその門に出入りしており、人物に薫陶を受けていた。その赤山が騒動の責任から切腹を命じられたとき、介錯したのは西郷の父吉兵衛だといわれている。西郷隆盛は処刑後に赤山邸に赴き、〈赤山が最期に着したる流血染浸《せんしん》の襯衣《しんい》〔肌着のこと〕を携え帰〉ると、〈伏して悲泣流涕《ひきゆうりゆうてい》〉したという（勝田孫彌《かつだまごや》『西郷隆盛傳』）。

血染めの衣を前にした西郷の精神に去来したものは何か。弟とも思っている、志を継いでくれとの赤山の遺志に粛然となった等、講談調の伝承はさておこう。実際、斉彬派への処分は容赦ないものであった。首謀者の切腹だけではすまされない。与党は次々と自死に追い込まれた。林房雄『西郷隆盛』の描くところによれば、島津姓を採りあげられ隠居剃髪の処分となった島津壱岐に至っては、その処分を恥じて名誉の割腹に奔《はし》ると、息が残っていても手当さえされなかった。新たな証拠が出て来たというので、追罰もあったという。すでに切腹して果てた首謀者の死骸が、墓から引きずり出されて磔《はりつけ》にされた。脚色はあるのだろうが、「政治」が突出し、異常な残酷さを示した場面と受け取ればよい。切腹者の遺族は遠島となり、また士籍を削られ庶民へと落とされた。二十二歳の西郷はこのとき、むき出しの「政治」を眼の前にしていた。権力闘争の果てに、「政治」が酷薄で凶暴な姿を容赦なくあらわす現実をはっきり認めた。このとき西郷は、武門の士として「成熟」を強いられたのである。血染めの衣は「政治」の暗黒面の象徴であった。

暴力と血が周囲を埋めつくし、理想は途絶え、ただ人間の陰惨だけが満ちる。そうした世界に突然包まれる事態が、武職に生き、変革に生きる自分の行く手には待っている。西郷はそう認識したはずだ。国制を改める運動のなかで、人間の酷薄さが壁のように立ちはだかる瞬間に立ち会う必然を、かれは直観したはずである。情が深く、心に温かいものを宿した西郷には、それは耐え難いものであった。あまりに残虐な「政治」、それが生みだす無数の犠牲や痛苦を運命のように引き受けるしかないのか。

体制転換の実践者となる西郷は、もとより政治的人間である。変革の一季、志士は誰もが政治的人間にならざるを得ない。血染めの衣が象徴するものに向き合わざるを得ない。たたかいの敗者となれば、どのような扱いを受けるのか。どのような運命の縁《ふち》に立たされるのか。敗者の無残、そして、理想も志も砕け散る冷酷な現実こそ、維新者西郷がその立ち上がりの日々において、精神の奥の院に刻みこんだ事態であった。

運命の断崖

高崎崩れのさいの斉彬派の重鎮で、反久光の中心人物だったのが高崎五郎右衛門《ごろうえもん》である。容赦ない処分を受け、赤山と同じく切腹して果てる。それから時をへだてた慶應元年（一八六五）十二月三日、京都室町の宿屋で高崎十七回忌がおこなわれた。参加した西郷は、赤山の死にも重ねるようにして、次の漢詩を詠《えい》じている。

不道厳冬冷（厳冬の冷《れい》を道《い》わず）
偏憂世上寒（偏《ひとえ》に世上の寒を憂う）
回頭今夜雪（頭《こうべ》を回《めぐ》らせば今夜の雪）
照得断腸肝（照らし得たり断腸の肝《かん》）

［厳冬の日にあって寒冷を気にかけているのではない。ただ人の世の寒々とした姿を憂いているのだ。巡りわたせば雪はしんしんと降り、はらわたが千切れるほどの悲痛を照らしている。］

一読、異様な冷感がこの詩から迫ってくる。冷え冷えとした世界の只中に放り出され、途方に暮れた感覚がある。〈厳冬〉〈世上の寒〉〈今夜の雪〉。高崎が切腹したのも今宵の如く寒々しい日であった。しかし、寒さは季節にあるのではない。人間社会の冷酷にこそ魂まで凍らせるものがある。二十二歳のときに身近で起きた惨劇の日々。親しかった人間が粛清の犠牲者となった。かれらは政治的敗者が陥る無残な運命へと追いやられ、無念と諦観のなかで次々と最期を迎えた。敗北者にはもはや温かい慈悲の雨は降り注がない。白く冷たい雪だけが、運命の断崖に立つ者に降り注ぐ。そして敗北者はむごたらしい屍体となる。血染めの衣をまとった鬼となって横たわる。

三十八歳を迎えようとする歳になっても、かつての悲劇は、西郷の心底から冷気となって流れてくるのだ。あの日と同じ厳冬の今夜。死者の無念の魂を招いているかのように雪は降り続き、頭をめぐらす西郷は雪に包まれていた。

この賦《ふ》を詠じたとき（慶應元年十二月）の西郷は、まさに維新運動のメインプレーヤーであった。同時代は、西郷を主軸にして歴史が動いているかの如くとなっていた。禁門戦争、第一次長州征伐（ともに元治元年〔一八六四〕）のさいすでに京都において薩摩藩を代表する存在であっただけではなく、全国諸藩の兵を動かす総参謀格（事実上の最高指揮官）となっていた。元治元年の翌年慶應元年は、薩摩が幕府を見限り、長州と同盟を組む前夜に当たる。倒幕へと歴史の潮流が決定的に変化する過程にあった。このとき、薩摩を代表して薩長提携を主導したのも西郷隆盛その人である。時代はかれを中心に動いていた。そうした時期にあったのが高崎五郎右衛門十七回忌だった。

坂本龍馬立会のもとに薩長同盟が結ばれるのは慶應二年一月二十一日。忌日の翌月である。昨日の友が今日の敵になるような変転めまぐるしい時代、政治的闘争も複雑な様相を示していた時代だった。その渦中にあった西郷は、人間社会の冷酷を詠んだ賦に何を込めようとしたのだろうか。薩長同盟は回天（倒幕）へと一気に日本の政治情勢を動かしていく。西郷隆盛は倒幕勢力の「兵」たち（まもなく「官軍」となる）の最高指導者となり、維新実現勢力の事実上のトップに立つのであった。みんなが西郷の名を唱え、かれに人心が集約して行った。ゆえに、イギリス公使パークスの交渉相手も西郷となる。

血染めの衣が象徴するものを宿した「政治」の、表舞台の真ん中に立つときを迎えていた。こうした一季に高崎十七回忌の賦は詠《うた》われたのである。かつての無念の死者を追想し、はらわたが千切れる思いを雪が照らすと西郷は詠《えい》じた。時期を考えればこの賦は、悲傷の記憶を伝えるとともに、政治が本来的に宿す〈厳冬〉を痛みのように自覚しつつ、第一線の政治と軍事の現場に立たんとするかれの、不思議な決意のようなものをもまた、伝えているのかもしれないのである。

横山安武碑文

西郷隆盛には漢詩のほかに漢文がある。碑文、祭文として残されたものが殆《ほとん》どで、『西郷隆盛全集』収録作は十二点を数える。そのなかの一篇に弔文「横山安武《やすたけ》碑文」がある。西郷が人のために碑文を書くのは二度しかなかった、と『西郷南洲遺訓《いくん》』（山田済斎編）の付言にある。その一つがこの「横山安武碑文」であった（もう一つは奥羽戦争で戦死した染川實秀《そめかわさねひで》の墓碑銘）。

明治三年七月に起きた薩摩藩士横山安武、通称正太郎の諫死は、新政府の腐敗を糾弾した事件として政界に衝撃を与えた。太政官と島津忠義は祭祀料を下賜、勝海舟をはじめ多くから弔詞が寄せられた。西郷もまた安武の死に深い悲しみを抱いた一人である。その弔文は石に刻され、明治五年八月、安武三回忌のさい墓所の側に建立された。

「横山安武碑文」は全体が朗々と流れている西郷文の白眉であり、その詩想の気高さを示した名品である。文章は締まって無駄がなく、それでいて物語性に富む。なにより弔意の対象となる者の人間性が陰影を含めくっきり描かれており、その背後に西郷が抱いた打ちふるえるばかりの倫理意識がある。安武の諫死事件はこの西郷弔文によって、後代までひとびとに伝承される明治最初期の歴史的事項となった。

本章ではこれから、この弔文すべてを示していく。長編なので七つのパートに分けて原文と読み下し文を示す。

まずは横山安武の半生と人となりを伝えた第一パート、第二パートから。

横山安武稱正太郎。森有恕之四子。母隈崎氏。出繼横山安容之後。爲人忠實而泛愛衆。事親盡色養。至于事君。則犯顏言人不能敢言者。皆發忠愛之心矣。

（横山安武、正太郎と称する。森有恕《ゆうじょ》の四子にして母は隈崎《くまざき》氏。出《いで》て横山安容《やすかた》の後を継ぐ。人となりは忠実にして泛《ひろ》く衆を愛し、親に事《つか》えて色養《しきよう》を尽くす。君〔島津斉彬、久光〕に事えるに至っては、即ち顔を犯して、人の敢《あ》えて言わざる所の者を言う。〔それは〕皆、忠愛の心に発する。）

安武在君側十餘年。排因習。革舊弊。且欲使宮中府中一體。論辯不止。其言一時能行。而下情上達。宮府無間隔者。安武之功居多焉。

（安武、君側《くんそく》にあること十余年。因習を排し、旧弊《きゅうへい》を革《あらた》める。且《か》つ、宮中府中をして一体たらしめんと欲し〔藩主の側近と藩庁の執政者を公平に扱おうとし〕、論弁止《や》まず。其《そ》の言、一時は能《よ》くおこなわれ、下情《かじょう》上達し、宮府間隔なき者は、安武の功、多きに居る。）

横山安武は天保十四年（一八四三）一月一日、薩摩藩士の子として鹿児島城下、城が谷に生まれた。父は森有恕、母は隈崎阿里《あり》。安武はその四男である。後年、横山家に養子に入り家督を継ぐが、森、横山両家は隣同士で、同じ家族といっていい行き来があった。なお、本章での安武関係事績は専《もっぱ》ら『横山安武伝記並遺稿』（昭和四十六年）に従う。著者の河野辰三は安武の孫で、東京帝国大学支那哲学科を卒業後、広島高等師範、陸軍予科士官学校などで教鞭を執り、戦後は鈴鹿女子短期大学教授などを務めた。

安武の弟が森有礼《ありのり》で、五男に当たる。福澤諭吉らと明六社をつくり、初代文部大臣を務め、また、一橋大学の前身・商法講習所の創設に参画した。廃刀案を提議したことでも知られている。森家五兄弟のうち上二人は尋常一様ではない死を迎え、明治まで生涯を繋いだのは安武・有礼の二人にすぎない。安武にしても明治新時代での死は尋常ではなく、残ったのは有礼一人だった。幕末維新の動乱時代、外国に併呑される瀬戸際から自立国家を創る運動が興るなか、武家に生を享《う》けた者として、こうした異常な一族の運命を持った例は珍しくない（有礼も明治憲法発布の当日、国粋主義者に刺殺された）。

森兄弟は揃って、藩校造士館の助教にして隣家当主・横山安容の薫陶を受けている。安容の逝去後、四男安武がその家督を継ぐのは自然の成り行きであった。安政三年（一八五六）十二月、安武まもなく満十四歳となる頃である。

ペリー浦賀来航（嘉永六年〔一八五三〕六月）によってすでに世上、変革の時代は始まっていた。その翌年十一月には、薩摩にもアメリカ船が乗り付けて来る。藩庁は緊張し、警備が厳重となった。アメリカ船は山川沖に碇泊したが、このとき応接役となり交渉に当たったのは横山安容その人である。儒者として漢文に長けた安容なら、船中にいるはずの中国人通訳とことばが交わせるはずだとの見込みもあったようだ。生憎《あいにく》中国人は乗っておらず、交渉は難儀となったが、安容の巧みな説得で、ついに退去させることに成功した。この功により安容は、藩主島津斉彬から金子《きんす》を拝領したものの、交渉からわずか半年で病歿している。重責が安容の死期を早めたのかもしれない。

薩英戦争時の出来事

家督を継いだ安武が藩庁に出仕するのは安政四年十月で、斉彬時代である。この英明な藩主のもとで、西郷隆盛が縦横無尽に活躍していた時期だった。しかし時代は暗転する。安政五年は既述の通り斉彬罷去（七月）、安政の大獄のはじまり（九月）があり、十一月には西郷と月照の入水事件に至った。安政六年十月に吉田松陰らが刑死する。翌万延元年三月には桜田門外の変が起こり、井伊直弼《なおすけ》がテロリズムから亡くなったことで尊王攘夷派が盛り返してくる。まさに擾乱《じょうらん》と変転の一季であった。

最初は藩主斉彬に、続いて藩主代理久光に仕えた安武は、近侍の役にあること十年に及んだ。旧弊を改めるために努力したといわれ、諫言輔導《かんげんほどう》をよくしたことは、西郷文「横山安武碑文」にも記されている。

続いて第三パートである。

癸亥年英艦來戰於鹿兒島港。人家數百罹兵燹。安武之家亦逢其災。邦君每戶賜金以救其急。安武以多年勤勞之功。特蒙賞賜。安武恤故人貧困者。乘夜。以賜金竊投於其家而出。家人不知其故。踊躍以爲天神之冥助也。安武死後。親戚檢其日記。始知安武所爲。嗚呼爲利不謀。爲名不設。皆發於至誠而然也。

（癸亥《きがい》の年、英艦来たり、鹿児島港に於《お》いて戦う。人家数百が兵燹《へいせん》に罹《かか》る。安武の家も亦《また》その災《わざわい》に逢う。邦君、戸毎《ごと》に金を賜《たま》い以《もっ》てその急を救う。安武、多年勤労の功を以て、特に賞賜《しょうし》を蒙《こうむ》る。安武、故人の貧困なる者を恤《うれ》え、夜に乗じて賜金《しきん》を以て竊《ひそか》にその家に投じて去る。家人、その故を知らず。踊躍《ようやく》して以て天神の冥助《めいじょ》となす。安武の死後、親戚は其の日記を検《けみ》し、始めて安武のなす所を知る。嗚呼《ああ》、利の為に謀《はか》らず、名の為に設けず、皆、至誠に於いて発して然《しか》る也。）

描出されるのは、薩英戦争（文久三年〔一八六三〕七月）のさいの出来事であった。イギリス艦艇の爆撃で鹿児島城・城下町は被害を受け、藩主から罹災者へ見舞金が下された。横山安武の家も被害に遭い、多年勤労の功から多くの下賜金を受けた。安武はこれを夜中、罹災した貧窮者の家に投じた。無名氏からの支援は、まるで天神の助けだと思われた。匿名のこの行為の主が安武だったことは、かれの死後に親戚が日記をみることでわかった。こういう美談である。

弔文に故人の美質を描くのは当然で、西郷もそれに倣《なら》ったのだろうが、この端的な西郷文には物語の妙味がある。抽象語や理念提示を記すのではなく、具体的な記述に終始している。そして語りは生き生きとしてリズミカルである。西郷に概念的書き方は似合わないのだ。かれは具体の士であった。具体において西郷の筆は輝くのである。

諫死の動機

慶應三年（一八六七）一月〜五月、幕末維新の動乱も最終局面に向かうなか、事態打開のために雄藩連合（薩摩・越前・土佐・宇和島）が画策された一事があった。四藩会議に出席するために島津久光が京都へ向かうと、横山安武も随行する。安武は維新運動の中心地へ行くことを喜んだという。しかし四藩会議は結局成立せず、滞京わずか四か月で久光に従って帰郷することになった。これからが活舞台《かつぶたい》というときに帰郷となり、安武は心残りの胸中を〈帰る袂《たもと》は玉なしてふるや霰《あられ》の……〉と自作長歌にうたっている。

帰国まもない十一月十三日、安武は公子輔導（久光第五子の教育役）の役を与えられた。薩摩兵三千が上京し、鳥羽伏見の開戦も間近の時勢だったが、安武は倒幕のたたかいに参加できず、地元で地味な役回りをこなす日々であった。

慶應四年〔明治元年〕（一八六八）五月、安武は久光の許可を得て、公子悦之助を、佐賀弘道館を経て長州の明倫館へと留学させる。当然ながら安武も随行した。時代は官軍の江戸入城があり、戊辰《ぼしん》戦争も帰趨《きすう》があらわれつつあった。

これらの事情を背景に第四パート、第五パートを見ていく。諫死事件に先立つ箇所であり、その動機が示される。

安武任近侍。専補導公子。孜孜不怠。以爲公子成長於深宮。疎下情。切勸遊學。而自隨行至長州焉。有故召公子還。安武亦從而歸。則被奪其職。

（安武、近侍《きんじ》に任ぜられ、専ら公子を輔導《ほどう》し、孜孜《しし》として怠らず。以爲《おもえ》らく、公子、深宮《しんきゅう》に於いて成長し、下情に疎《うと》し、と。切に遊学を勧め、自ら随行して長州に至る。故《ゆえ》有りて、公子を召し還《かえ》す。安武、亦《また》従って帰れば、則《すなわ》ちその職を奪わる。）

安武が公子守り役として長州に滞在しているとき、藩兵士諸隊騒擾事件が起こり、安武の運命が暗転する。事件は明治二年正月、兵制改革に反対する諸隊千余人が藩公館を囲んだことを指す。安武は報告のために急遽帰藩した。この行為が久光の勘気に触れたのである。輔導の職分を忘れて、公子のもとを勝手に離れるとは何事ぞ、と咎められたのだ。公子は帰還となり、安武は免職となった。暴徒擾乱の報を藩に伝えるのは、必要な火急の役目だと信じ行動した安武だったから、職掌忘却をいわれ罷免されるという成り行きに愕然とした。随行者は安武一人ではなく、決して公子を放置した訳ではない。しかし、陳弁することなく安武はこの処分を受け入れた。

次に、第五パート。

於是自反曰。當益勵志以修徳業耳。再請遊學。始到西京。去又至東京。當此時朝廷百官遊蕩驕奢。而誤事者多。時論囂囂。
(是《ここ》に於いて自ら反《かえりみ》て曰《いわ》く、当《まさ》に益《ますます》志を励まして以て徳業を修むべき耳《のみ》、と。再び遊学を請《こ》い、始め西京に到る。去って又東京に至る。此《こ》の時に当たりて、朝廷の百官、遊蕩驕奢《ゆうとうきょうしゃ》、而《しか》して事を誤る者多し。時論囂々《ごうごう》たり。)

君側を去ることになった安武は、京都へ向かう。反官学的な学問である陽明学を学ぶためであった。薩摩の「国父」久光から受けた処分が官学的世界からの離脱を促したことは間違いない。自由の身となり転機を迎えたとき、向かうは春日潜菴《せんあん》の門だった。

幕末の動乱期において、三條大納言実萬《さねつむ》に客礼をもって迎えられていた潜菴は、京都の上級公卿の補佐役のような地位を得ていた。安政の大獄で永押込《えいおしこめ》（終身蟄居《ちっきょ》）の処分を受けたが、桜田門外の変後、革新派が盛り返す時代になると復権。諸藩の志士で京都に滞在する者は、〈日に潜菴の門に齋集《さいしゅう》して窃《ひそか》に謀《はか》る所あり〉（明治三十九年、春日精之助編『春日潜菴傳』）となった。春日潜菴は学者だが、「専《もっぱ》ら講じる人」ではない。現実政治に深く関わり、積極的に行動した。まさに知行合一《ちこうごういつ》であるが、この姿を見れば、むしろ潜菴はいかにも陽明学徒らしい存在だった。

西郷隆盛が春日の学を推奨していたことは、明治二年、有為の青年を選んで潜菴門に留学させたことからも覗われる。五人のなかには弟小兵衛《こへえ》のほか、のちに陸軍中将となる伊瀬知《いせぢ》好成、吉田清一もいた。西郷は、〈此《ここ》からは、武術許《ばか》りでは行けぬ、学問が必要だ。学問は活《い》きた学問でなくてはならぬ〉（『西郷南洲遺訓』）と諭して、かれらを潜菴門へ送りだしている。

免職となり在野にあった横山安武もまた潜菴門を目指した。しかし、門は閉ざされたのである。京都から送られた安武の家族宛書簡には、〈当所春日氏には大いに失望、身親しき人さえも面会致されずとの由〉とある。明治維新が成ると、潜菴は奈良県知事に任ぜられた。しかし、間もなく職を奪われるのみならず、父子で獄に繫がれる災禍を受ける。旧幕側に通じているとの讒言《ざんげん》に遭い、すなわち反感を持つ勢力に追われたのだ。獄からは百日余で放免となったが、君公の久我通久《こがみちひさ》は潜菴父子を蟄居謹慎処分とした。安武の訪問時、潜菴門が固く閉ざされていたのも、こうした事情からである。

落胆した安武は、それでも当初の目的通り陽明学の講究に励んだ。草間某、加藤某に就いたといわれる。王陽明『伝習録』を座右としながら、明け方まで学ぶ日々を送った。これを経て安武は東京を目指す。江戸在野の儒学者田口文蔵の門を叩くためであった。田口塾は高尚深淵な窮理学を避け、実用を重んじる学風だった。首尾良く入塾を果たしたものの、在塾は一週間足らずに過ぎない。六日後、安武は諫死を遂げるのである。

弊事十条

第六、第七パートは、原文、読み下し文に続いて、諫死事件のドキュメントに併せ、背景事情についても触れていく。

安武乃慨然自奮謂。王家衰頽之機兆于此矣。爲臣子者。不可不千思萬慮以救之。然而雖尋常諫疏百口陳之。力不能矯正。則無寸益而已。不如一死以諫之。若有所感悟。豈無小補乎。乃作諫書。陳弊事十條。持至集議院。插之門扉。退屠腹津輕邸門前。實明治三年庚午七月廿六日夜也。

(安武、乃《すなわ》ち慨然として自ら奮《ふる》って謂《い》う。王家衰頽《すいたい》の機、此《ここ》に兆《きざ》す。臣子《しんし》為《た》る者、千思万慮《せんしばんりょ》して以て之《これ》を救わざるべからず。然《しか》して、尋常諫疏百口《じんじょうかんそひゃっこう》、之を陳《ちん》ずと雖《いえど》も、力、矯正するに不能《あたわ》ざれば、則ち寸益《すんえき》無き已《のみ》。一死を以て之を諫《いさ》めるに不如《しかず》。若《も》し感悟する所有らば、豈《あに》小補《しょうほ》無からん乎《や》、と。乃ち諫書《かんしょ》を作り、弊事《へいじ》十条を陳《の》べ、持《じ》して集議院《しゅうぎいん》に至り、之を門扉に挿《さしはさ》み、退《しりぞ》いて津軽藩邸の門前に屠腹《とふく》す。実に明治三年庚午《こうご》七月二十六日の夜也。）

明治維新が成就して、世の中はどう変わったのか。旧時代の悪弊が除かれ、徳政が敷かれて、公明正大な政治がおこなわれていると期待したが、豈図らんや！　首都東京の有りさまには暗然とするばかりである。大小官吏どもは虚飾と名利に走り、軽薄と不実の風が世を覆っている。情実がまかり通り、朝令暮改が当たり前となった。あらゆる牽強付会《けんきょうふかい》がおこなわれ、民衆はすっかり新時代を疑っている。肝心の外国人対処では論議沸騰しているだけで何も進んでいないではないか。なにが新時代だ。このままでは国家衰頽するばかりである。安武は深い憤りに包まれていた。

元々が理想家肌のうえ、陽明学によって潔癖な道徳観念を刻み込んだ横山安武である。維新の現実に厳しい批判の刃《やいば》を向けるのは、当然であった。実際、世は混乱していた。不正がまかり通っていた。要路の者を諫めればいいのか。しかし在野の身、百万言を費やす志はあっても、わが諫言が聞き届けられる訳はない。もはや、一死をもって諫めるしかないではないか。決心した安武はただちに行動を起こした。知行合一の念がかれの心中を貫いていた。批判の書「弊事十条」を記し、集議院（議案を審議した明治初期の機関）の門扉に差し挟むと、津軽藩邸門前で割腹した。明治三年（一八七〇）七月二十六日の夜である。

続いて最後のパートを見ていこう。

拂曉門吏開門。則有僵臥者。以爲薩人也。驚走告諸薩邸。邸吏到則安武也。扶起入邸。氣息未絶。曰奉書集議院。語僅通。乃遣人問之於院。答曰。今朝院門有封書。取而上于政府。走歸具以其狀告安武。安武怡然瞑目矣。於是世人感安武之死諫。空論忽止。時弊亦以漸而改。安武以忠實之資。未能大有爲。而徒爲史鰌之尸也。噫。

（払暁《ふつぎょう》、門吏《もんり》門を開けば、則ち僵臥《きょうが》する者有り。以て薩人《さつじん》也と為《な》し、驚き走りて諸《これ》を薩邸《さってい》に告ぐ。邸吏《ていり》到れば、則ち安武也。扶《たす》け起こして邸に入る。気息未だ絶えず。曰く、書を集議院に奉《たてまつ》る、と。語僅《わずか》に通ず。乃ち人を遣《つかわ》し之を院に於いて問う。答えて曰く、今朝、院門に封書あり、取りて政府に上《たてまつ》る、と。走り帰りて具《つぶさ》にその状を以て安武に告ぐ。安武、怡然《いぜん》として瞑目《めいもく》す。是《ここ》に於いて、世人《せじん》、安武の死諫《しかん》に感じ、空論忽《たちま》ち止み、時弊《じへい》も亦《また》、漸《ぜん》を以て改まる。安武、忠実の資を以て、未だ大いに為有能《なすあるあた》わずして、徒《いたずら》に史鰌《ししゅう》の尸《しかばね》と為る。噫《ああ》。）

明け方に門吏が門を開くと、倒れている者がいる。薩摩人だというので薩摩藩邸に急報され、ただちに薩摩藩人が瀕死の安武を運ぶ。気息奄々《えんえん》のなかで安武は「建白書を集議院に奉る《たてまつ》」と言った。事情を問う使者が出され、封書は確かに政府に届けられたことを知った安武は、満ち足りたように瞑目《めいもく》して死の床に就いた。書は岩崎筑前介によって受理され、太政官へ上達された。諫死事件の経緯は以上の通りである。

安武の死諫によって空論は止み、悪弊が次第に改まったと西郷が碑文に記すのは、安武の主張を高く評価した表現に他ならない。しかし有為の若者が能力を正当に用いられず、あたかも春秋時代の正直者・史鰌のように、屍《しかばね》をもって諫める身になってしまった。噫、なんということだ。――西郷弔文はこうして、真率な嘆きをもって終わるのである。

「弊事十条」のなかでは、為政者の侈靡驕奢《しびきょうしゃ》、虚飾、名利追求が批判され、人心が安定しない現状が指摘される。適材適所が忘れられ、宴席政治のくり返されること、外国に対する退嬰《たいえい》的な態度が難じられる。これでは国の行く末が危うくなると断じている。廉直の士・春日潜菴の冤罪についても一条を設けて憤りをみせ、私恨からあらぬ罪をかぶせられたとして、岩倉具視、徳大寺実則《さねつね》（ともに当時の大納言）を名指しで非難する。また、添えられた「別紙」では非征韓論を主張した。

横山安武は為政者側に高い倫理性を求めた。これに対しては、政治は理想郷を打ち出す場にあらずとの非難はありうるし、あるいは水清ければ魚棲まずの譬えをもって冷笑が浴びせられるのかもしれない。政治は魑魅魍魎《ちみもうりよう》が跋扈《ばつこ》し、清濁併せ呑む世界である。驕奢も腐敗も人間の為す政治につきものだ。理想の旗を高く掲げれば、悪弊はいくつでも見つかる。批判の矢を放つなら、矢はいくつあっても足りなくなる。ましてや誕生したばかりの新政権ではないか。ぐらぐらして頼りないのはやむを得ない面もある。そこに諫死とは何事か。あまりに急ではないか。こういった安武批判の考えは勿論、当時も語られたであろう。

政治と人間の「現実」を持ち出せば、安武の所業はほとんど愚行である。しかし、そう断じるだけで済むはずはない。「現実」ばかりが突出すれば、却って「現実」が不健全になることもあり得るのである。そうしたとき、倫理や理想は、「現実」のある面を修復させ、「現実」のなかに蹲《うずくま》るひとびとの視野を広くし、結果として「現実」を豊かにすることに結びつく場合もあるはずだ。ゆえに倫理や理想は、真剣に語り続ける必要があった。試行錯誤で国づくりをしている明治維新期ならば、なおさらである。少なからぬひとびとが、そう捉えた。だからこそ横山安武の諫死には多数の弔意が集まったのだ。

腐敗堕落への怒り

西郷は安武の死を驚きの思いで迎えた。維新事業のあと故国薩摩に帰り、湯治によって心身の疲弊を癒していたが、求められて薩摩政庁に参加することになった。明治三年七月三日、大参事就任がそれに当たる。そうした時期に諌死事件が起きたのだった。西郷隆盛と横山安武は、ともに島津久光の理不尽な勘気から処分された（西郷の沖永良部島《おきのえらぶじま》遠島、安武の免職）経験を持つことでも、それに抗せず従ったことでも、運命に相通じるものがある。なにより二人は、陽明学を背景に、また持って生まれた気質からも、同質の倫理意識を持っていた。死をもっておこなった安武の主張は、西郷一身の考えと重なり合うところがあった。それで西郷はシンパシーを感じ、安武の諌死に対し、その意味を高く評価した碑文を書くことで応じたのである。そうでなければ、この弔文の比類なき名調子は生まれてこない。

西郷は、諌死事件の年の終わりに提出した岩倉具視宛の意見書（明治三年十二月）で、〈人心歓欣《かんきん》して流通するを貴〉ぶために〈質素節倹等の令は必ず下すべからず〉（「経済活動を活発にするために、民に倹約を強いてはならない」）としながら、〈要路の人々は質樸に行い驕奢の風あるべからず〉（「高官は質素に暮らすべきで、贅沢をしてはならない」）と明言した。下に我慢を強いて自らは奢侈放題にふるまう上位者は、当時も、また現代でも枚挙に暇《いとま》がないが、西郷は逆を主張している。このあたりは、民の生活を安んじることを求め、為政者の襟を正さんとした安武の意識と響き合っている。西郷は安武に、魂の兄弟を見出した。新体制がたちどころに腐敗堕落していく有りように、憤りの同調者を見出した。その諌死は他人事ではないと瞬時に理解した。

西郷が上京出仕の詔勅を受け、参議就任をもって中央政府に復帰したのは明治四年六月。横山安武の諫死から一年ののちである。為政者となる西郷には、安武の諫死が念頭から離れなかった。それを示す一例として、明治五年四月六日付の書簡がある。宛先は東京府典事の川路《かわじ》利良《としよし》。のち大警視となる人物である。

〈昨日承知仕り候、三条公茶屋遊びの儀、甚だ以て有るべからざる御所行と存じ奉り候。何《いつ》比《ごろ》にて候や、何度程参られ候や、又は馴染《なじみ》の芸妓にても出来候や、委敷《くわしく》相分り居り候わば、御知らせ下されたく希《ねが》い奉り候。〉

西郷の文章らしく一読明瞭で、三條実美《さねとみ》の茶屋遊びの実態調査を命じている。岩倉、大久保らの洋行中、政府を預かる西郷にとって、政府最高位にある太政大臣の〈遊蕩驕奢〉はがまんのならないものであった。当時、大隈重信や井上馨も茶屋遊びに興じており、公然の事実となっている。政府高官の堕落に憤る西郷の姿は、二年前に諫死した安武と重なる。草創の始《はじめ》にあって、為政者が〈家屋を飾り、衣服を文《かざ》り、美妾を抱へ、蓄財を謀りなば、維新の功業は遂げられ間敷也《まじくなり》〉と嘆く西郷は、〈今と成りては、戊辰の義戦も偏《ひと》へに私を営みたる姿に成り行き、天下に対し戦死者に対して面目無きぞ〉とさえ語った（「南洲遺訓」、明治三年聞き取り）。為政者の

「私」に帰着する結果を招いたのなら、維新事業の犠牲者、さまざまな死者に相済まぬことだと言い、西郷は、〈頻《しき》りに涙を催《もよお》〉したという（同）。

明治の精神

弔文「横山安武碑文」は、安武を悼むとともに、自身の理想と憤りをそこに折り重ねたがゆえに、緊張感ゆるまぬものとして成った。それは、「裏切られた革命」に対する、維新者西郷の正統な抗議のうたであり、政治の無残と冷酷を認めつつも、理想を再構築しようとする西郷の意志のうたでもあったのだ。それが安易な妥協なきものだったことは、参議となってもわずか二年余で下野、あたかも「第二革命」を目指すように西南戦争を起こして明治政府に叛逆する西郷の未来からも、察することができよう。

維新史のひとびとは西郷隆盛を、艱難辛苦に耐える仁侠武士《ベイヤール》（ハーバート・ノーマン）と認め、ひとを裏切らない人物だとして信頼した。西郷の情は役者の情ではない。それは純潔からくる真情だと誰もがわかった。後代のわたしたちもまた、悲運の死者を全霊で弔い、その「思い出」を心中深く反芻して生きる、〈一片の誠心〉の持ち主としてかれを認める。時にけわしさを見せる俗物嫌いと、清冽な悲歌をうたうその真心に、「明治の精神」の確かな一筋を見る。そして何故かれは担がれる人間になったのかを理解する。維新史のひとびとは、かれを担ぐことで、残酷な事態もありうる回天事業とはいえ、時代の光景に清らかさと和光を失ってはならないと切実に求めたのである。

第五章

流人西郷伝

――第一次南島時代

崛起する草莽

革命とはひとつのうたが終わりあたらしいうたが響き渡る事態である。廟堂《びょうどう》から路地裏まで正調にて奏でられていたかつてのうた、誰もが疑わず聞いていた恒心のしらべに不協和音が混じりだし、やがて調性はくずれ声はかぼそくなる。他方、マイナーな集団によってひそかにうたいだされた破調のうたは、いつしか声がふえ声が重なり、ある時点から確かな調性を獲得し壮大な合唱となる。そのとき古いうたは滅びていく。

若者たちの鬱屈が叛意となって満潮のようにあふれた幕末期も例外ではなかった。かれらは藩を離れ家族や故郷を捨て、反幕の思念と、死をいとわぬ行為への意志を、一身のうちに純化させた。自己規律のみをたよりに、〈死地の兵〉として回天の世を走った。かれらは常用のうたに抗してあたらしいうたをうたい続けたのである。

革命がかくのごとく詩《うた》の交替だとしたら、「おそれるな、いまこのうたをうたい続けよ」とひとびとに告げ、個々の歌唱をぜんたいの合唱にまとめあげる指揮者《コンダクター》を時代は求めたはずだ。そして時代に押し上げられた指揮者は間違いなく、自身がすぐれたうたい手——詩的精神を濃厚に宿した者だったはずである。維新史においてその適に任じた人物こそ南洲《なんしゅう》西郷隆盛であった。詩的精神人というなら吉田松陰や坂本龍馬の名をあげてもいい。しかしふたりは先覚的なうたい手であるのは間違いないにしても、大合唱を巻き起こす力業《ちからわざ》までは果たしていない。〈死地の兵〉をまとめ、ひとびとのうたをひとつの調子に整えて回天を実体化させた者を選ぶとしたら、西郷南洲以外に誰がいるだろうか？

とはいえ、巨視的ならともかく、革命の微視的現場に、サムライの誇りをかけた浪曼の光景など断じて描かれない。〈死地の兵〉たちは回天のうたをうたいながら、その実、おおむね殺伐とした散文的世界にいたのである。混乱につぐ混乱が変革期の実状であり、西郷自身の表現をもってすれば、〈非常の世態にて国中の人心動き立ち、号令をも顧みず、人々踏み出し候勢いに成り立ち騒動致すべく候〉（文久二年七月末頃、木場伝内宛書簡）であった。勤王とさえ唱えればいっぱしの志士になると〈動き立ち〉、思慮なく〈踏み出し〉、〈騒動〉を引きおこして逆上しているかの連中。そうした者ども、またかれらを憎む反動の者どもが矢鱈《やたら》に暴れ回り、辻々や路地のあちこちで、あるいは策源地のたまり場で、無慈悲におこなってきたテロの凄絶をみれば、そしてその処理の非情なさまをみれば、維新革命はあじけない事件史の謂《いい》だと断言してもよいのである。

体制と反体制が固有の理窟と強談《こわだん》をもって対峙《たいじ》し、剣が振り下ろされ血が流れる。裏切りや策謀が昼夜を問わずくり返され、黒い権謀の渦が逆巻く。回天事業はやがて政治の極相を描き、〈やつは敵である。敵を殺せ。〉（埴谷雄高「政治のなかの死」）との端的なテーゼに行き着く。乾ききった世界には〈やつは敵である。敵を殺せ。〉の看板が厳《おごそ》かに立つだけである。

だとすれば、芸も綾もない散文的世界のなかに、詩的人間が駆けていたというのが革命の実相なのではないか。詩的事業云々《うんぬん》は、個々の実状からすれば繊細すぎる幻影にすぎない。ひとびとは幻影を求め殺伐を生きる。むしろそこに個人や集団の悲劇があり、変革運動に関わった人間の戦慄と、そして充実もまた犇《ひし》めいていたのだろう。この事情ゆえにこそ、変革時代の朝野にあって詩的精神を充塡《じゅうてん》させた人物の有りようが、きわめて複雑な意味をもって迫ってくるのである。明治維新がその典型であった。

かのとき、あたらしいうたをうたい、合唱まで声を膨らませていこうとした人間の心理と行動には、どのようなかたちがあったのか。例示を試みよう。幕末変革期を主導したのは、いうまでもない、「尊王」の思念だが、これもたとえば、昭和戦争期に国じゅうを覆った絶対天皇の観念とは様相を異にする。神国思想さえ抱いていた「尊王倒幕」の一等星・吉田松陰に、〈草莽崛起《そうもうくつき》、豈《あに》他人之《の》力を假《か》らん哉《や》。恐れ乍《なが》ら天朝も幕府・吾藩も入《い》らぬ、只《ただ》六尺の微軀が入用〉（安政六年四月頃、野村和作への書簡）とのことばがあるのを指摘すれば、その様相の一端は知れる。「尊王」とはいっても、行動の絶対化のなかで、最後は天皇すら〈他人〉となり、入らない（要らない）、となるまで境地がすすんでいたのである。このすがたこそが、あたらしいうたをうたい時代を駆ける人間の、たたかう人間の、精神の実相を照らし出している。

うたは何より、自らの地声でもってうたわねばならぬ。個々人の「誠」に照らして正統と把握できることが、すり込まれた観念、国家の有りように関するさまざまな概念よりも、遂には重要であった。誰を敬していようが、拝していようが、それは〈他人〉であり、〈他人〉は最後に無用となる。「尊王」は美名に過ぎず、張りぼての飾り物にすぎない。変革運動の現場では、そこまで行動の純化がすすむ場合もある。明治維新の人間行動史の文脈に、この点は、たえず織り込まねばならないのである。

双系のひと

維新成立史に明るい虹の道をつくった西郷隆盛は当初、どちらかといえば散文的な人間として、ごく地味に歴史の舞台へと登場した。初発のとき、かれの姿は封建の世に生まれ儒教的道徳を誰よりも涵養《かんよう》させた生真面目な士道の男子だった。貧困と家庭的不幸のなかで家族を守り、日々の平穏を願う健全な長男であった。浪曼の万華鏡《まんげきょう》はかれには無縁である。島津斉彬《なりあきら》の薫陶を受けて活動していた時代の西郷は、いうなれば、斉彬構想のもとの実務家だった。君公斉彬の指示とあれば、工作の使いっ走りとして、かれは与えられた役割を過不足なく果たした。藩主斉彬の懐刀《ふところがたな》時代、おおむね地に足をつけた散文的人間として活動していたのである。かれが実務に長《た》けていたことは、たとえば安政三年、藩主養女・篤姫の将軍家入輿《じゅよ》支度という難しい役目を大過なくこなしたことからもわかる。後述するかれの書簡を見ても、実務上の指示や要望は簡にして要を得たもので、堅実な、まさに散文的人間の相貌を後年まで垣間見せている。そして幕末期の薩摩は畢竟《ひっきょう》現実主義である。長州のようにイデオロギー的ではない。西郷もその忠実な一員として現実主義者だった。

とはいえ南洲のなかには、一方で、情動に富んだ人間性が、武門人の正道意識に抑圧されながら深く息づいていた。かれはとりわけ同情心――惻隠の情が豊かな人間だった。通常、感情量過多人には、その感情に濁りや粘稠《ねんちゅう》度の強さがあり、神経の棘のようなものを多く含む場合がつきものである。その点、不思議なことに西郷の感情は、量が多ければ多いほど背後にある無私の精神がはっきり示され、深山のわき水のように、ますます透明度が高くなるような性質だった（「私」を肥大化させた近代社会は、こうした人格を生み出す契機を失った。ゆえに斯様なる人間の良きさまは、幻燈然とした懐かしさをもって迫ってくるのである）。

西郷の感情体系のこの驚くべき達成は、生まれ持った資質は当然あるし、自省の性《さが》もあっただろう。禅の影響もあったはずだ。佐藤一齋、伊東潜龍、春日潜菴らから学んだ儒教、とりわけ陽明学の教えは特筆せねばならない（ちなみに、潜龍の玄孫が埴谷雄高である）。

これらに加えて、肉体的困苦を伴う異域体験――五年におよぶ南島体験から得たものは決定的に大きい。かれに詩的精神があらわになり、それが人格の一特徴とさえなったのは、南島体験が深くかかわる。西郷は時勢から切り離された孤影深い遠島人として在るなかで、もともと質量ともに豊かだった「情」を、ふくよかに、また自然に発露させる方法を磨いた。旧来の地で育《はぐく》んだ生き方から強制的に引きはがされることで、自然児が復活し、詩的センスのようなものを魂のなかに豊かに育て上げるきっかけができたのだ。事実、西郷が（漢）詩人として本格的な歩みを始めるのは、ほぼ五年にわたる南島時代の終わり、沖永良部島《おきのえらぶじま》幽囚期であった。

南島時代、西郷の精神に躍動《エラン》のときが訪れ、すぐれた透明感情体をつくりだす最終仕上げがなされた。それはひとびとを引きつける詩的精神人としての相貌を浮上させる決定的要因となった。堅実な実務家と飛躍する詩的精神人。かれはこの双系をもって幕末維新期の詩的世界と散文的世界をともに痛切な体験として送り、どの世界にも通じる存在になった。こうした複合性こそ、西郷がすぐれた合唱の指揮者《コンダクター》になりえた理由ではなかったか。

秩序の擁護

諸侯があたかも「国」のように三百藩に分かれ士農工商の身分制が敷かれていた徳川政権から、四民平等の統一国民国家への転換は、いうまでもなく革命（政治や経済の社会構造を根本的に覆す変革）である。その実現において西郷隆盛は、〈一八六八年の日本の維新革命は、西郷の革命であったと称してよいと思われます〉と内村鑑三にいわしめた存在だった（『代表的日本人』鈴木範久訳)。にもかかわらず、西郷に革命家の相貌はさほど濃くない。実際、幕末期の西郷は、最終局面を除けば倒幕運動家ですらなかった。

遠島時代を含む安政・万延・文久・元治年間の西郷は、あえていえば改幕派である。それは尊敬する指導者島津斉彬の路線であり、薩摩の基本路線でもあった。斉彬膝下の活動家だった安政五年(一八五八)一月、西郷は将軍夫人の篤子に働きかけて一橋慶喜擁立工作をおこなっている。外国勢力に対抗し日本を自立的に在らしめるため、旧弊の徳川政治を刷新する。名君といわれた人物に国政を担わせる。これが薩摩―斉彬―西郷の原点であった。それは維新になだれ込むときでも、公武合体や雄藩連合など、穏健な政権移譲策を模索していたことでもわかる。漸進を重視するこうした態度をみれば、「根本的に覆す」という意味での革命性とは肌合いを異にする。

エドマンド・バークは、フランス革命が、こみいった本性をもち、複雑な社会をつくり、そのなかで穏やかな堅気の生を培っているひとびとを蔑《ないがし》ろにした「軽率」にすぎぬと喝破した。フランス革命が示した〈虚構〉は、〈勤勉な生活のめだたない歩みをつづけるようにさだめられた人びとに、いつわりの思想とむなしい期待とをふきこむことによって、それがけっして除去できない真の不平等を、増大させつらくするのに役だつにすぎない〉のであって、これを招いた〈とほうもない僭越〉を烈しく批判した(『フランス革命についての省察』水田洋・水田珠枝訳、以下同)。

そして、フランス革命の動力となった考えは、結局のところ指導者に、〈すべての先行者とすべての同時代者を軽蔑することをおしえ、かれら自身を軽蔑することさえおしえて、ついには、かれらがほんとうに軽蔑すべきものとなる点にまでかれらをみちびいた〉のである。かくして、軽蔑することで真に軽蔑される者となった人間こそ、革命の指導者であった。

翻って、〈西郷の革命〉を成した男のことを考えてみよう。かれは本来、体制内秩序の擁護者であった。ただし、それが高い倫理観に基づき運営されることを条件として。かれは儒教の名分観念を受け、身分というものを尊重した。ただし、上位者への無原則な賛美者でなかったことは、直属の君公島津久光《ひさみつ》にすら抵抗し遠島人になった事情からもわかる。かれは仁愛道義の念をもたらす「天意」をなにより重視した。ただしそれを、身分や立場の違いを越えた、万人を対象にする正義や情愛の源としてとらえた。ゆえに封建の世でも近代でも通じる普照性（普《あまね》く照らす性質）を宿していた。かれは日本の過去も現状も「軽蔑」しなかった。かれは祖先をはじめ、いまの自分を在らしめたものに敬虔《けいけん》な態度をとった。古典を信愛したし、逝きし人格者の価値を疑わなかった。革命の邪悪に反撥するバークであっても、フランス人の騒擾《そうじょう》で名をあげた実践家──〈むこうみずで乱暴で不誠実である程度に応じて、すぐれた才能のしるしと見なされ〉、〈人間らしさと同情〉を〈迷信と無知からうまれたものとして嘲笑〉し、〈個々人にたいするやさしさ〉を〈公共にたいするうらぎりと考える〉──に、西郷像を重ねることはできまい。

むしろバークが是とした人間性のほうを、西郷隆盛は精神深く蔵していた。〈おだやかな原理〉、〈困難と闘争によってでなければ、ためされない〉〈徳というもの〉、〈すべての徳のなかでも第一の徳である慎慮《しんりょ》〉、そして、〈自然的および政治的な世界において、一致しない諸力の相互の闘争から普遍的調和をつくりだす、あの作用と反作用〉。これらに関わる美質のほうは、西郷のその生涯の歩みや、書簡等で示された人間性を含め、かれの人と思想から引きだすことはそう難しくない。

だとしたら、革命家ならぬ面をむしろ濃厚に宿した「革命家」西郷とは何者なのか。かれを主像として成された明治維新をみるうえで、「革命家」の肖像が西洋での類型から遠いことはどうしても目をひかれる。ゆえにこそ、この「逆説の革命家」が巨人化するきっかけをつくった南島時代、かれのなかに変革の合唱を指揮する力が勢いよく芽吹いた虜囚時代に、わたしたちは注意を向けざるを得ないのである。

幼少時からの薩摩下級武士の生活圏、価値体系から引きはがされて流離したかれは、辺地の庶民のなかへ下降し沈潜した。芭蕉林が続き蘇鉄が繁茂し、ハブが這い回る地で、地場の生活者と交わりながら日々を送った。南島の民は封建制のもとで、また薩摩の苛酷な政策のもとで、牛馬のごとき身分に閉じこめられていた。西郷は政治犯としての異形のままでかれらの世界に入り、かれらを理解しまた信頼を得た。そして西郷は詩を書き始めるのである。異境ですぐれた「詩的人間」が誕生する。これらの事情の解読は、これから本章の辿《たど》る道筋となろう。

いくつもの名前

安政六年（一八五九）一月、西郷南洲を乗せた船は、潮待ちのため鹿児島湾の山川港に投錨していた。巨眼巨軀のかれは敗残者である。世上、安政の大獄の逆風が吹き荒れていた。国政転換のために行動していた志士たちは次々と捕縛された。幕吏に追い詰められた僧月照への義理から以心伝心でともに投海、冥土での再会を約したものの、西郷だけが蘇生した入水《じゆすい》事件は前年安政五年の十一月である。藩庁はこのとき西郷もまた死んだということにした。お尋ね者として幕吏の追及もあり得たからだ。それでも藩として十全にかばいきれるわけではない。厳罰主義の嵐は吹き荒れ、敗残者といえども残らず討滅していく幕府の決意は固かった。「死んだことになっている」とはいえ、追及の眼は此処其処《ここそこ》に感じられた。西郷にとって、もはや故郷にすら安全な居場所はない。

井伊直弼《なおすけ》率いる幕府政権は一切を容赦しなかった。尊王倒幕だろうと改幕系だろうと、統制を破り国の運営を危うくする者どもに対し寛容はありえない。井伊は牙を剝き、大獄政策を断行する。

西郷南洲はそれまでの生涯で、幾度となく逆境に見舞われた。艱難《かんなん》辛苦の黒い影は西郷の人生からついぞ離れてくれたことはない。父を早く失ったことで家政は傾き、困難な青年期を送る。藩の派閥抗争では負け組の側となった。島津斉彬に見出されて縦横の活躍をするが、それもつかの間、斉彬の突然の逝去で藩情は一変する。幕府の態度硬化に併せて薩摩藩庁も、逆風下に生き延びるための方途だとはいえ、佐幕派が要所を占め、改革派は追い出された。西郷にとって藩の政庁は重苦しい存在となりはじめている。

縁あった僧月照の命も救えなかった。義など尽き果てるかのような冷たい世界に西郷は投げ出された。追い求めていた理想は虚しく果て、仲間を失い、未来は閉ざされた。破滅を免れるとするならば、敗残者西郷は外洋へ出るしか手段がなかった。そのあたりの事情も含み、薩摩藩はかれを島流しの身としたのだ。政治犯というのは片面で、幕吏から姿を隠しておく藩の保護意識もいくぶん働いた処置だった。

かれは遠島人となるとき、菊池《きくち》源吾《げんご》と名前を変えた。

西郷は生涯に幾度となく名前を変えている。いうまでもなく、当時は一人に名前が多様にあった。反体制派活動家ならなおさらいくつもの名を持った。たとえば坂本龍馬は直陰《なおかげ》、直柔《なおなり》の正式名があり、龍馬は通称となる。龍馬はまた才谷梅太郎《さいだにうめたろう》ほか多くの変名を持ったが、西郷の場合も同様だった。

西郷の元服は天保十二年（一八四一）で、それより正式には隆永《たかなが》を名乗ることになる。幼名に小吉があり、通称は吉之介から善兵衛、吉兵衛（西郷家代々の通称）、吉之助とめまぐるしく変わる。もっともこれらは藩の許可を得たうえでの名前変えである。安政五年（一八五八）、幕府捕吏の追及を逃れるため僧月照とともに西下したさい、鹿児島帰着後、藩命によって三助と名を変えたこともあった。南洲は号（雅号）である。父の名だった隆盛を用いるのは明治になってからだが、わずらわしいので本書では時期を限らず西郷隆盛を使っている。

以上は「西郷」の姓での改名事情だが、ほかに変名ともいうべき名前がかれにはあった。どれも遠島処分に関わっている。奄美大島遠島のさいに菊池源吾としたのは、幕府が身柄を求めてきたら西郷は死んだことで押し通そうとする藩の意向があった。大島に送った者はあの西郷ではない、と突っぱねるためである。奄美大島遠島を許されて鹿児島へ着いたとき、今度は大島三右衛門《さんえもん》と改名する。大島に三年いたのをもじっている。続いて沖永良部島へ遠島となるが、ここでの変名は大島吉之助だった。これら三つは藩庁の指示だから、公式の変名というべきものであった。遠島時代の西郷書簡を見るときに、発信者が菊池源吾なら奄美大島時代（一度目の遠島）、大島三右衛門なら一度目の遠島を許され二度目の遠島になるまでの短い時期（徳之島時代を含む）、大島吉之助なら沖永良部島時代（二度目の遠島）と、大枠そうなる。

奄美の印象

さて、最初の遠島事情である。

潮待ち中の山川港で、西郷のもとへ秘密の報が伝えられていた。西郷と志を同じくする改革派藩士が集い、脱藩挙兵するというのだ。安政の大獄が拡大していく時勢に抗し、大久保利通を中心とする有志が立ちあがろうとしていた。挙兵前に相談を受けた西郷は、他藩の情勢を把握しておけとか、無謀の事をおこない自滅するようなことはいかん、と書面で大久保らに諄々と諭した。〈機会を見合わせず候て、只々《ただただ》死を遂げさえいたし候得ば忠臣と心得候儀、甚《はなは》だ以て悪敷《あしく》御座候〉と西郷は書いている。暴発して死ぬのは忠臣にあらず、いまは時機を待て、というのだ。遠島人として時勢から遠ざけられる段となっても、かれに苛立《いらだ》ちや過激はない。かれは唆《そそのか》す人ではなかった。徒《いたずら》に忠と勇だけを求める士ではなかった。むしろ弾圧のなかにあった同志たちに、「堪えよ、犬死はいかん」と明示していたのである。

山川港で二週間ほど投錨したのち、西郷を乗せた船は奄美大島へと出港した。季節風がきつく、潮流の荒さは縦揺れと横揺れで船上人を苦しめる。流刑扱いの者にはとりわけ暗澹《あんたん》たる船旅だったに違いない。

西郷の行く手にあったのは、あやしい雲行きだった。一月二月、奄美と周辺海域は季節風が吹き荒れて雨天が続く。

到着した奄美大島でも好天はまるで望めなかった。現在残るなかでの着島後第一信（二月十三日付）で西郷は、鹿児島の大久保利通・税所篤《さいしょ》に向けて、こう書き出している。

〈尚々《なおなお》着島より三十日も相成り候得共《そうらえども》、一日晴天と申すなるは御座無く雨勝ちに御座候。一体雨はげしき所の由に候得共、誠にひどいものに御座候。〉

三十日間も雨がちだ、この島ではいったい晴天というものがあるのか。憂鬱そうな西郷の表情が浮かぶ。奄美の印象は流人の身ゆえ最初から芳しいものではなかったが、長雨のせいでなお重苦しいものになっている。

〈あらよう〉

異域に暮らしはじめた西郷だが、上記書簡のなかに唐突ながら、異様な相貌があらわれる。

〈島のよめじょたちうつくしき事、京、大坂抔《など》がかなう丈《だけ》に御座無く候。垢《あか》のけしょ一寸計《ばかり》、手の甲より先はぐみをつきあらよう。〉（島の娘たちの美しいこと、京都や大坂の女もかなわないほどだ。垢の化粧ちょっとばかり、手の甲より先はぐみをつきあらよう）

〈よめじょ〉は婚入り前後の女性をいう薩摩のことばである。匂いこぼれるほどの嬌態ある若い娘のことだった。〈ぐみをつき〉は入れ墨をしているとの意。入れ墨は島の女性の唯一の装飾であり、それは本土女性の紅かね化粧に等しく、島娘はその美しさを誇りとしていたと、奄美出身の昇曙夢《のぼりしよむ》（後述）は書いている。〈あらよう〉は民謡などでしばしば使われるかけ声。くだけたこの声とともに、女への不埒ともいえる視線を投げかける西郷がここにいる。

西郷南洲という男が女性に傾斜したエピソードは、幕末期の志士のなかでは例外的に少ない。むしろ控えめだった話のほうが多いのである。嘉永五年（一八五二）、西郷は、両親のすすめで鹿児島城下上之園町の伊集院家の娘と結婚する。のちの子爵伊集院兼寛の姉だった。しかし、貧乏の大所帯で苦労の絶えないなか、夫西郷が藩主斉彬に従って長期不在となった事情もあって、この嫁はついに実家へ帰り、離婚となってしまう。安政元年（一八五四）のことである。女性に傾斜しやすい男ならさっさと新しい妻へ鞍替えしたであろう。西郷はそうしなかった。「しばらく嫁はもらわぬ」との態度を示した。両親の望んだ妻と連れ合うことができなかった自責の念、一人の女を不幸にしてしまった悔悟の意識、それらが西郷をして女を遠ざける道を選ばせた。これは家族や、離縁となってしまった妻へのいたわりの気持ちが強い人間でないと出て来ない態度である。そして女性にだらしない面があれば、貫けない態度でもある。

西郷はまた、安政三年、斉彬に男子が生まれるように芝神明に願を掛けた。このときは、願の成就のため、生涯不犯の誓いを立てている。

これら色好みとは遠いエピソードを持つ西郷ゆえに、書簡にあらわれた若い女への不埒なる視線には、おやと思わせられる。勿論、西郷は朴念仁《ぼくねんじん》ではない。第一、上記書簡で〈よめじょ〉たちは、京大坂のおそらくは色競いの女たちと比べている。ある程度の見聞がなければ出て来ない比較表現であろう。

後年まで含めれば、色事のあれこれくらいは、生きて行く西郷の識見のうちに当然あった。西南戦争の最終局面で可愛嶽《えのだけ》を踏破して政府軍の裏をかいたとき、山岳の道で西郷は、将兵に向かって「夜這いでもするようだな」という冗談を放った逸話がある。顰《しか》めッ面《つら》で実務に励む大久保利通に対して、やつはおなごを御するときもあんな顔なのか、と諧謔《かいぎゃく》を飛ばした話も知られている。

「西郷と豚姫」の一事もある。鳥羽伏見の戦いに勝って江戸攻めに東上する陣にあるとき、京都で馴染んだ仲居が西郷のもとへやってきた。彼女は〈西郷はん、行かずとおくれやす〉と訴え、かれに縋《すが》った。この話は阿部次郎の聞き書きにある。西郷は〈泣くな、泣くな〉と自分も涙声になって宥《なだ》めたとの由。周囲は何事かと思ったが、ふたりの切実な姿にしいんとなってしまったという。なお、川崎紫山の『西郷南洲翁逸話』(内村鑑三が『代表的日本人』を書くとき中心的な参照書とした本である）には、〈維新ノ際京師ニ滞在スルヤ、屢々《シバシバ》酒楼ニ遊ビ豪飲夜ヲ徹ス、其愛妓某ノ如キハ当時豚姫ノ綽名《アダナ》ヲ取リシモノナリ〉との記述がある。この〈愛妓〉が上記仲居のことであろう。勝海舟も〈この仲居が、酷《ひど》く西郷にほれて、西郷もまたこの仲居を愛して居たのヨ。しかし今の奴らが、茶屋女とくつ付くのとはわけが違つて居るヨ。どうもいふにいはれぬよい所があつたのだ〉と『氷川清話』（江藤淳・松浦玲編）で述べている。「豚姫」とは何だが、肥えた女性を好んだという訳だ。「豚」は、南島時代の西郷書簡で、自分のことを指す語としてもよく使われている。

朴念仁ではない西郷だから、変革運動で全国を飛び回っているとき、当然、紅灯脂粉《こうとうしふん》の世界には縁ができたはずだ。志士たちが身を隠し、陰謀をめぐらせるのに、反社会の者どもを許容する懐をもった色町はもってこいの場所だった。粋筋《いきすじ》での経緯は当時の男の流儀でもある。とはいえ、上記逸話にあらわれた西郷は、友愛風に仲良くなってしまったという味わいで、女色耽溺《たんでき》というのでもない。

自然児に帰る

奄美大島着島期に話を戻そう。

この時代の西郷は、「豚姫」との経緯をつくったほど達意の域にいる男ではない。生涯不犯の誓いをしたのも遠い過口ではなく、未だ潔癖青年の名残を宿していた。ゆえに、奄美からの第一信に示された女性への不埒は、却って生々しい印象を放つのである。婀娜《あだ》を嘲すかのような〈あらよう〉は、放恣《ほうし》への傾きを思わせる。隠された「不良」がここにぬうと顔を出したかのようだ。かれは故地鹿児島で刻み込んだ理性的な武門人、治者のありようを突き放し、自然児に一度帰ってしまおうとしたのではないか。〈あらよう〉の調子には、重力の魔から逃れた者の軽快ささえ感じられる。

西郷は元々、自然児的なところが旺盛だった。臆病を嫌う武断家であり、若きときはとりわけ激情家の側面もあった。しかしそこから自らの心根を鍛えて、自己抑制を身につけたのである。道義を重んじ信頼に応える人間になるべく努めた。誰から指図されるのではなく、自ら己れに厳しく接した。一方ひとに対しては、洒々落々として柔らかく語った。どこか愛嬌があった。陽明学や禅がこうした「寛仁大度」の成立に重要な役割を果たしたのは間違いなく、また、島津斉彬に、改革派の全国の志士たちに期待され、その期待に応えないといけないと強いるうちに、人格が磨かれた面もある。

その西郷が南島で別の相貌を見せた。自分を支えてきた人の繋がりが無残に否定され、志を同じくする者は〈死地〉へ旅立った。自分自身も居場所がなくなり、これまでやってきた国政転換の理想も虚しく尽き果てた。道義に生きようとしても、生きる土台が崩れたのである。遠島人という政治的な死がかれに待っていた。すべてが失われ、根拠をなくしていた。そのなかで道徳的完成をすすむ既行の道ゆきに、転調の季節がやってきたように感じるのは、西郷ならずとも当然だといえよう。軽々しいともいえる〈あらよう〉が、転調をもたらす音楽だとしたら、どうであろうか。

奄美大島出身のロシア文学者・昇曙夢は、西南戦争で南洲が逝った翌年に生まれ、大正時代は陸軍士官学校の教授も務めた。その著『奄美大島と大西郷』（昭和二年）は地元の見聞談を取捨咀嚼し、伊波普猷《いはふゆう》や土持綱義《つちもちつなよし》（土持政照《まさてる》―後述―の長男）、操坦水《みさおたんすい》（操坦勁《たんけい》―同―の次男）等から資料提示も受けて成した一書で、収録された事績はもとより、奄美の風土に関する説明が目をひく。同書では配流の西郷が聞いたかもしれぬ島唄を載せている。

〈わぬやこの島に親はるぢ居らぬ　わぬ愛《かい》しゃしゅる人《ちゅ》ど　わ親はるぢ〉（この島には親はおらず身寄りがない、わたしを愛してくれる人こそわが親ぞ）

哀切なこの唄に導かれるまま、南島人の懐深く入りこむ日がいずれ来るというのだろうか――西郷はそう感慨したのかもしれない。とはいえ、かれの心境がそこまで順和なものに落ち着くまでには、しばらく時間が掛かったようである。

鬱屈の日々

流人西郷は島の北部・龍郷《たつごう》に落ち着いた。奄美大島は当時、七つの間切（行政区）から成り、龍郷は名瀬間切の内にある。龍左民《りゅうさたみ》の屋敷の離れにまずは住み、のちに空き家を借りて自炊生活をはじめた。独居しつつ米を研《と》ぎ、水汲《く》みに出掛け、薪《たきぎ》を運んだ。かれはまた、外をまめに歩き回り見聞に努める。浜辺に立ち海洋を飽きず眺めていたこともあった。

龍郷は寒村だったが、在地の豪族だった龍家はユカリッチュ（由緒ある人）と呼ばれる身分で、琉球統治時代からの名門である。龍家はまたヤンチュ（家人）を多数抱えていた。ヤンチュは私有財産とでもいうべき存在で、隷属者だといっていい。

当時の奄美大島はユカリッチュとヤンチュに分かれ、中間層が薄かった。その上に薩摩の支配が乗り、苛政を敷いて砂糖島へと強制転換させていた（後述する）。なお、ユカリッチュといえども城外郷士に準じる存在にすぎず、薩摩藩によって一字姓とさせられ、月代《さかやき》を剃る等武士風にすることも禁じられていた。すなわち西郷のような下級の身であっても、龍家にとって薩摩藩士ゆえ格上となる。奄美大島に二十年暮らし、地元の図書館に勤めて史料通でもあった島尾敏雄は、〈薩摩藩というのは、奄美で、一種の植民地支配の体験を充分に体得していた〉と発言している（橋川文三との対談「西郷隆盛と南の島々」）。こうした事情のなかに西郷がいわば政治犯として流されてきて、ユカリッチュの龍家に庇護されながら島民のなかで暮らしはじめたのだ。
西郷はいくぶん精神的に荒れていた。龍家に世話になるお返しにと、歳十《とお》ほどの一族の子弟三人の教育を引き受けたが、どうも気乗りがしていない。島民とは打ち解けることなく、かれらに強い違和感を持っていた。

〈誠にけとう人には込《こま》り入り申し候。矢張りはぶ性にて食い取ろうと申す念計《おもいばか》り、然しながら至極《しごく》御丁寧成る儀にて、とうがらしの下なる塩梅《あんばい》にて痛み入る次第に御座候。〉

前記第一信のなかにある文章である。ユーモラスな表現を湛えつつも、島民の様子を毒蛇にたとえ、かれらの慇懃無礼に不快がるなど、遠島人西郷の相当な鬱屈が伝わってくる。もちろん島民にしても、西郷に警戒心を抱いていた。かれは所詮、〈植民地支配〉側の人間である。しかも巨眼巨軀の異様な風体であった。かれに武門人の紳士道《たしなみ》はあったとしても、怪物じみた身体をもつ男の動きは無気味に見える。機嫌がよくないのもわかる。島民の警戒心がいや増すのは当然であった。
在島三月に及んでも西郷の鬱屈は和らいでいない。四月二十一日付吉田七郎宛書簡でかれは、さまざまな苦衷を訴えている。吉田は名瀬の代官所詰め大島代官で、西郷の相談役である。流人といっても事実上藩の厚意により身を隠している立場だった西郷の立場は、家禄米六石の支給がそれを雄弁に示している。代官の扱いも丁重で、名瀬の役所まで足を運んだ西郷には土産を持たせた様子が書簡にあらわれている。

同書簡で西郷は、鍋・はがまの支給について検討してほしいと訴える。島民が日常的に使うこれら調理具は、島では自給できず藩の支給品であった。〈事欠き申さず〉（まにあっている）とか、〈今成《いまな》りにて相済ませ申すべき〉（いまのままで済ませる考えだ）と遠慮がらながら、寄食している身であり、自分が使うことで家の当主に迷惑を掛けることを西郷はたいそう気にしている。このような細やかな配慮をするのは西郷の特長であり、接した者にかれを慕わせる理由となったろう。

続いて同書簡で西郷は、薪、油塩類、丹荷《たんご》（水を運搬するための桶）について問合せをし、また、〈遠島人同様にはいたし間敷《まじく》と一口《ひとくち》御達し成し下されたく〉と願い入れている。遠島人と同様の扱いにはしないと、一言、代官から住人に言ってほしい、というのだ。西郷は周囲から遠島人（罪人）として見られることに〈たまり兼《か》ね候儀多々《たた》候〉と訴えていた。大身肥満の西郷だったが、その神経は図太いわけではない。慣れない自炊生活と、湿度の高い南島の気候、異域に一人取り残されたかのような不安は、大小の猜疑心まで生んで、西郷を苦しめていた。そして湿気から体調を崩したようで、書簡では薬草を服用していると記す。

龍郷はただでさえ辺鄙《へんぴ》な場所であったうえに、西郷が独居自炊をしたのは内海に面したとりわけ寂しいところだった。感じる人の気配は、好奇の眼でかれを覗く〈物数寄計《ものずきばか》り〉であった、と上記吉田宛書簡にある。〈のし申さず候儀のみこれあり〉（つらいことばかりだ）と弱気を書くのは、境遇の激変を考えても、武門人西郷にしては珍しい。そしてついにかれは〈竜郷には迚《とて》も居られざる所に御座候〉とまで訴える。まさに泣き言である。〈何卒追って場所替《がえ》御願い申し上げ候様仕《つかまつ》るべく候〉とまで書くのは、我慢の限界だと言うに等しい。しかし西郷の訴えは聞き届けられなかった。居所は龍郷と決まっており、出るのは赦されない身だったのである。かれは腹を据えてその地で生きるしかなかったのだ。

島生活に慣れず孤独のなかにいた時期、知己だった薩摩藩士・重野安繹《しげのやすつぐ》が遠路慰問に来て、話し相手になってくれたことがせめてもの無聊《ぶりょう》退治であった。重野は江戸昌平黌《しょうへいこう》の舎長も務めた学問詩文の達人だったが、金銭上の問題を起こして奄美大島へ遠島処分とされ、南の阿木名《あぎな》に住んでいた。阿木名と龍郷は二十里もある。

六月七日付の大久保利通ほか宛書簡でも、なお西郷の不満は黒くくすぶっている。〈残生恨むべき儀に御座候〉との一文もある。生き残った人生を恨むという。小児のような愚痴が筆を通じてあらわれている。一方、煙草や紙、筆などを送ってもらったようで、まず謝意を伝え、続けて、大久保ら義挙派の行動について、少々の〈異儀〉に関わって〈大要〉を失ってはならぬと再び諭している。大久保らは「精忠組」と称されるようになった。同志の活動には意を強くするものの、遠島人として時代の流れから置いてけぼりを喰らっている境遇に、〈いらざるくり事〉、つまりつい愚痴めいたことばも書き連ねてしまう自身に西郷は些《いささ》か呆れている。

〈くり事〉のなかには島民への蔑言もあり、島の生活に打ち解けぬ、鬱屈の塊となった西郷はまだここにもいる。俺はこれまで、時代の危機を受け、天下を改める活動をしてきた。全国の志士たちと交わりを結び、見識を交換し論議を闘わせてきた。それなのにいまの俺はどうしたことか。虚しく食いつなぐだけで日を送るかの島民、学問なく心も通じない島民に囲まれて孤立している。かつての境遇と現在との落差は、一度は変革の志を抱きそれに生涯を捧げる意を強くした者にとって、根本的な挫折、道が絶たれた暗然を意味する。こうして西郷のなかに不機嫌の風は吹き荒れるのである。

苛政を批判する

鬱屈の西郷だが、このすぐれた変革者は一方で怜悧の目をもって社会を観察していた。流人となり、辺遠の地に達したがゆえに見ることになった、〈一種の植民地支配〉の様相を。

〈何方においても苛政の行なわれ候儀、苦心の至りに御座候。当島の体誠《ていまこと》に忍びざる次第に御座候。松前の蝦夷人捌《さば》きよりはまだ甚敷《はなはだしく》御座候次第、苦中の苦、実に是程丈《これほどだ》けはこれある間敷《まじく》と相考え居り候処驚き入る次第に御座候。〉（二月十三日付書簡）

奄美大島に課した薩摩藩の〈苛政〉は砂糖をめぐるものであった。

笹森儀助は青森弘前の出身だが、明治二十六年に南境の島嶼部を旅し、東北人の眼に映った異域のすがたを『南島探験』（明治二十七年）にまとめた。西郷隆盛が三年の流刑生活を送ったとき（安政六〜文久元年）から三十数年後に当たる。旅のなかで笹森は、奄美大島の島民に負債を抱えている者が多く、島のひとびとはみな、〈此苦境ニ沈淪スルハ一朝一夕ノ事ニアラス遠ク旧藩代ニ起ルト〉言っていると記録している。〈砂糖ノ前約ヲ結フ〉ために無理な金貸しをおこない製糖を励行させるが、凶作になると負債がのしかかり島民を塗炭《とたん》の苦しみに陥らせる。旧時代、薩摩藩による「製糖島」化政策が、維新後もかたちを変えて島民を苦しめている現実がそこにあった。

奄美大島が琉球から引き離され、薩摩藩の直轄になったのは慶長の役（一六〇九年、島津氏による琉球侵攻）がきっかけだが、薩摩も当初は苛酷な産糖政策を島民に課してはいない。しかし、延享二年（一七四五）に租税を砂糖で納めさせることとなり、文政十二年（一八二九）には島の産糖をことごとく藩が買上げるしくみとし、密売は死刑という厳しい決まりまでつくった。これらをきっかけに島民はまさに搾り取られる存在となってゆく。当時の姿を伊波普猷は、〈男子は十五歳から六十歳まで、女子は十三歳から五十歳まで、作用夫と称して各甘蔗畑を貸与せられ、強制的に耕作に従事せしめられて、牛馬同様に取扱はれてゐた〉と記している（昭和三年、『沖縄よ何処へ』）。また、島津重豪《しげひで》（延享二〜天保四年〔一八三三〕）の時代に薩摩藩から派遣された勧農使・得能通昭《とくのうみちあき》は、〈腰を下《おろ》して足洗ふ家もなく、民の有様《ありさま》は朝夕の食に悩み、磯の藻屑を食し渇《かつ》さへ湿《うるほ》し難き程なり〉と報告している（同）。流刑人西郷が来島した時代も、得能の見たときと島の状況はひと続きであったろう。

それにしても西郷が奄美の苛政を、松前の蝦夷人さばきよりひどいと書いているのは、どういった知識からか。斉彬の腹心として諸国人を訪ね歩いていたとき、西郷は水戸藩士の藤田東《とう》湖《こ》を訪問する。東湖は国の行く末を憂いていた当代特等の警世家であった。反体制的な志向をもった人士はかれの謦咳《けいがい》に接しようとした。「水戸詣《もうで》」という言葉すら生まれたくらいに。西郷南洲も時論を聞くため東湖を訪ねた者の一人だった。会見のとき東湖から酒をすすめられた西郷は、飲み慣れないながら酒杯を受け、酩酊のあげくついには吐いてしまったという。その様子を東湖はいたく気に入った。ふたりはたちまち相感ずる者同士となったのである。飾るところなきかれの人柄を東湖は愛した。自分の志を引き継ぐ者はこの男だと思っていた。秋月種《あきづきたね》樹《たつ》（将軍家茂《いえもち》や明治天皇の侍読。弟は西郷に従い城山《しろやま》で戦死）が伝えている話である。

その東湖が注目した人物に、松浦武四郎がいる。伊勢郷士の四男だった。ある日志を立て全国を放浪したのち、北辺の探検へ旅立つ。蝦夷地踏破は六度に及び、その足跡は樺太までに達した。当時の松前藩は中央の眼が届かないのをいいことに、蝦夷地に厳しい管理を敷いていた。蝦夷人を奴隷のような存在とし、徹底的に収奪していた。この点は、中央から遠い薩摩藩がさらに遠地の奄美でむごい産糖行政を実施していたのに相通じる。松浦はその実態を仔細に調べあげた。事情を知りすぎたために松前藩から刺客を送られたこともあった。苦労の末に成した松浦の著作『蝦夷日誌』は、わが国はじめての本格的な蝦夷地誌である。東湖は松浦の活動に興味をもち、その知見を積極的に吸収した。自らかれの寓居を訪ねてもいる。

これが西郷に伝わったのだろう。武四郎、東湖から西郷へと繋がれた観点は、蝦夷の実状と重ねて同じく辺境の奄美に苛斂誅求《かれんちゅうきゅう》の現実があり、それを不当と憤る意識を西郷の中に逞しく育てたとみるのは、いかにも自然である。

また西郷はかつて弘化元年（一八四四）から嘉永六年（一八五三）まで、満年齢でいうと十六歳から二十六歳までの十年間、郡方書役助《こおりかたかきやくすけ》の役職に就き、郡奉行のもとで藩内諸郷の事情に精通していった。農政家としてのかれの見識は、土地行政や課税の乱れで民苦が生じるさまを鋭くとらえた藩主斉彬宛の意見書（安政三年八月頃）に、よくあらわれている。そのなかで西郷は、郷士が農民に恩恵を施さず村落が疲弊している現状を指摘し、民情を安んじるべき立場の者が、清廉の気風を失い、自利に汲々《きゅうきゅう》となって搾取をしているだけの情況を批判している。奄美遠島時代の西郷に同じ義憤が生じなかったはずはない。治者であるべき武士が民を苛《いじ》めに苛めている有りさまは、「砂糖島」奄美大島のほうが目に余るものがあったはずだ。

役人膺懲事件のいきさつ

文久元年（一八六一）二月、薩摩藩士・相良角兵衛《さがらかくべえ》が奄美大島の代官となった。相良は着島すると砂糖の取り立てを容赦なくおこない、さらに、隠匿の嫌疑をかけられた者への勾留・糾問《きゅうもん》を厳しくした。島民は困り果てて鳩首《きゅうしゅ》寄合を重ねたが、支配される身に権力者の行きすぎは止めようがない。このとき龍郷謫居《たっきょ》中の西郷が動くのである。役所のある名瀬に赴き代官相良に善処を求める。最初は拒絶した相良だったが、大島見聞役・木場伝内《こばでんない》の協力もあって、ついに勾留していた島民の釈放をおこなった。これが後代まで南島で語り継がれた「西郷、悪代官をこらしめる」の一件である。木場は謫居中の西郷に厚義なる世話をしており、西郷にとって胸を割って話せる相手だった。相良角兵衛への悪感情はのちにまで西郷のなかから消えず、文久三年三月二十一日付の書簡（在奄美大島、得藤長宛《とくふじなが》）では、〈御隣りの悪巧みのおやじ〉と酷評している。

奄美大島の西郷には苛政への憤りを背景に、別の役人膺懲《ようちょう》事件がある。痛快なところもあって南島では人口に膾炙《かいしゃ》する出来事となった。どういった経緯なのか。

脇野《わきの》素粒《すりゅう》は鹿児島の俳人だが、西郷流謫先の奄美大島、徳之島、沖永良部島へ足を運び、現地取材を重ねたうえで『流魂記――奄美大島の西郷南洲』（昭和四十一年）を記した。文芸作品の格好をもつが、織り挟まれるノンフィクション部分には古老から聞いた珍しい話も収録され、遠島人南洲の姿を探るには好著だといえる。同書を参照しつつ膺懲事件の内実を見て行くことにしよう。

余計糖の買上を役目とした役人中村某の横柄な態度は目に余っていた。目方をごまかす。島民に無理難題を突きつける。たえず叱責し怒鳴り散らす。女子供には打つ蹴るも平気でおこなった。余計糖の買上額は島民にとって一年の生活が掛かる重大事だった。生きて行くための頼みの綱である。そこにまで不法搾取の手をのばす輩《やから》がいたのだ。

腹に据えかねた西郷がやってくる。〈悪巧みのおやじ〉がここにもいる。代官も代官なら、木っ端役人も木っ端役人である。こんな毛虫のような者に好き勝手をさせるのは、かれの正義感が許さない。西郷はこの男に歩み寄り、まずは穏やかに語りかけた。しかし、傲岸不遜の態度が返ってくるばかりだった。ついに堪忍袋の緒を斬った西郷は、衆人環視のなかで此奴《こやつ》を膺懲した。『流魂記』や『奄美大島と大西郷』では鉄拳制裁したと書いている。島では多くがそう伝えているのであろう。

〈なにをそんなに大きな顔をして、好か振り居って、といった気持ちもあったと思うんですね〉と島尾敏雄は西郷の気持ちを忖度《そんたく》している（前記対談）。取り柄のない性格偏頗《へんぱ》な武士が、国元で役職を外され辺地の仕事をあてがわれ、そこで殿様の代理となって絶対権力を振るう構図は珍しくない。私心、とりわけ俗悪な私心をきびしく嫌悪する西郷南洲にとっては、余計に腹立たしいのだ。

南洲が薩摩の役人をやっつけた話は、いくつかのバリエーションをもって伝わっている。事実ありえた出来事だと思うが、この種の話が広く伝わっているのは、西郷に託して、忍苦のうちに閉じ込められた日頃の怒りを代行させ、溜飲をさげた島民の心情があったと見ないといけない。また、膺懲役として西郷南洲を登場させた「物語」の背景に、島民の側に立つ人物としてかれが信頼をもって迎え入れられていた事情がある。最初は〈けとう〉と呼んで忌み嫌っていた奄美の島民だが、西郷は次第に打ち解けるようになり、ついには信愛の絆のようなものまで培った。比較的短期日のうちに島民と分け隔てない生活者となり、篤実なる者としてふるまい、味方を増やしていったのである。

いうまでもなく、現地の役人を懲らしめたくらいで、奄美の苛政が改まるわけでもない。それは西郷自身にもわかっていた。それもあって、かれは二回計五年にわたる遠島を許されて帰国した元治元年（一八六四）三月初め、「大島外二島砂糖買上につき藩庁への上申書」を提出している。そのなかで砂糖買上のやり方は〈甚だ以て苛酷〉であり〈人民困苦に迫〉る情況だと冒頭から断じ、悪弊を列挙している。そのうえで具体的な改善策を述べている。さらに、代官の〈自儘《じまま》の取り計らい〉（わがまま勝手な手法）を指摘して、〈人柄御吟味〉をされたしと訴える。〈悪巧みのおやじ〉は排さないといけないとの西郷の決意がみえる。しかも、〈若《も》しや異人共《ども》手を付け候様の事もこれあり候わば〉（外国人が島に手をつけることがあったらば）として、異人は偽りのなさけを島民に施し、島民はそれに靡《なび》いて薩摩藩に背《そむ》くかもしれぬ、と上手く危機感を伝えることで藩庁を動かそうとしている。西郷の硬軟取り混ぜた主張は、正義感を背景にしつつも戦略的なふるまいとして秀逸なものを感じさせる。

ここで付記しておきたい。『流魂記』の著者脇野素粒だが、昭和の戦争が終わったとき、震洋特攻隊の兵曹長として加計呂麻《かけろま》島の呑《のみの》ノ浦《うら》基地にいた。震洋はベニヤ張りのモーターボートで全長五・一〜六・五メートル。舳先《へさき》に爆弾を載せ、体当たりする特攻艇である。八月十三日に発動の命令を受けるが、発進の合図が出ないまま十五日の終戦となる。脇野の上官にあたる指揮官こそ海軍大尉・島尾敏雄であり、その著『出発は遂に訪れず』は当時の体験を綴った作品として戦後文学史上に名高い。かれの部下だった脇野は俳誌の主宰者を務めるなどして、戦後社会を二十九年生きた。最期は自裁だったと島尾が伝えている（前記対談）。

新所帯

着島後一年近く経った安政六年十二月十六日付、代官吉田七郎宛書簡で、西郷はまだ細々《こまごま》とした要望を伝えている。また、米一俵の前借支給に恐縮しており、国元から送ったと知らせてきたのに米、味噌、醤油の三品がまだ着かないと問い合わせている。日常要用の品が届かないことに困惑している様子は、西郷の境遇に変化のあったことが背景にある。島民を〈けとう〉と嫌い、〈気持ちも悪敷《あしく》〉とまで書簡（六月七日付大久保ほか宛）で書いていた西郷が島の女と結婚した。相手は龍家一族佐恵志《さえし》の娘・於戸間金《おとまがね》。結婚によって愛加那《あいかな》と名乗るようになる。六歳で父と死別し、芭蕉布や木綿を織って家計の助けをしていた女性だった。年齢は西郷の十歳下で、大柄の女である。

龍佐民夫妻が媒酌人となり十一月八日、正式に三献の祝をあげた。庇護する西郷が独身独居であり続けることの無理を認識した龍家の配慮でもあった。龍家にしても、一族の女が薩摩藩士と結ばれることは名誉になる。あくまで島妻《あんご》であって、夫に従って島から出ることはできなかったが、男子が生まれれば武士の子として鹿児島で教育を受けることができる。

さまざまな思惑はさておき、結婚は西郷が南島の気候風土とひとびとを受け入れた象徴的な出来事だと思われる。幸いなことに結婚したふたりは仲が良かった。大柄なら「豚姫」好みも想起させられるが、愛加那には西郷の心身を満足させる器量はあったようだ。西郷は客の前でも愛加那の身体に触って周囲を困らせたという。むろんこれは愛嬌満点の話だとみればいい。〈あらよう〉の女への傾きが良い方向へ着地したのだ。

結婚は西郷に安定をもたらした。島生活に馴染《なじ》んでいなかった男の心境を変えるきっかけとなった。吉田宛十二月十六日付書簡で生活用品に細かく気を配っているのは、新所帯の維持に西郷の関心が深いこと、すなわち肯定的な態度をあらわしている。

三つの契機

武門人の襟度《きんど》を自己省察のうえで培ってきた西郷にとって、変化の契機が南島で次々と訪れた。それは以下三点に整理できよう。

ひとつは辺遠的な衆生世界への下降である。本土の武家社会とは異質な南島で民と暮らす日常がそれに当たる。もとよりすぐれた他者感覚と惻隠感情を宿していた西郷は、体制内人から離れる「下降」体験を通して、内外遠近の区別をしない対人態度をより純度高くした。王陽明のいう「聖人の心」、すなわち〈およそ生きとし生けるものには、すべて兄弟親子の博愛の情をもって、その生の保全と平安を願い、それを教導し養育しようと欲〉する、〈万物一体《ひとつながり》の念〉を育んだのである（『伝習録』溝口雄三訳）。

二つ目は自然児への回帰である。西郷は正統武家社会からいわば放逐されたわけで、このとき自然児に還るという道がひらかれた。武士の節度を捨てた不良性のあらわれである。ふて腐れ、〈気持ちも悪敷〉と悪罵を投げつける西郷。〈けとう〉や〈とうがらしの下なる塩梅〉との発語に、あるいは膺懲事件や〈悪巧みのおやじ〉との断言にも、解放された原質の「不良」がのっしのっしと再登場したかの印象がある。どこか腹が据わって明朗なところは西郷の人柄がなせるわざであろう。

三つ目はエロス的充足である。いうまでもない、〈あらよう〉からはじまり、好みだった大柄女を得て目に余る「仲良し」ぶりを示した一事だ。生涯不犯の誓いは、「不良」登場によってあっけなく反故《ほご》となった。

西郷は道徳的完成を求めて自己を内省し続けた人間だった。しかし、その生涯に非道徳的季節を挟むことで、かれの道徳的襟度は青年の一途《いちず》を脱した。激しい日差しや烈《れつ》たる寒風を経た人間だけが発する説得力を揺曳《ようえい》させた。運命の絶対性に翻弄され、鬱屈の泥濘《でいねい》に沈み、理不尽と怒りを経ることで、多くのひとびとの琴線に触れる豊かな人間性を背後に宿すようになったのである。

遠島となった一季、幕末史はさらに混迷を深めていた。時代の切迫は有為の人材を眠らせておく愚をもはや許さなかった。西郷召還の日も遠くない。

第六章

実践者の成長

——第二次南島時代

召還運動

奄美大島生活も二年目となった万延元年（一八六〇）。国元から知らせが届く。西郷はその返書を二月二十八日に発している。相手は〈大税有吉様〉。大久保利通、税所篤《さいしょ》、有村俊斎（のちの海江田《かえだ》信義）、吉井友実を合体させてしまった。そんなことば遊びもつい出てしまうほど、うれしい知らせだったからだ。四人は精忠組の面々。国元の同志たちである。

かれらが脱藩挙兵を試みて西郷に自重を求められた件は前述した。その精忠組に藩主忠義は直筆の諭告書を与えたのだった。書中で藩主は、〈万一時変到来の節は順聖院様（故斉彬《なりあきら》）御深意を貫き国家（この場合は藩）を以て忠勤を抽《ぬき》んずべき心得に候〉と記し、時機が来たら天下のために必要な行動を取ると、その覚悟を示した。そのうえで、〈我等の不肖を輔《たす》けて誠忠を尽くしてほしいと述べている。〈偏《ひとえ》に頼み存候〉とまで記し、宛名は〈精忠士面々へ〉とあった。すぐれた政治的人間に窯変《ようへん》していた大久保は、脱藩挙兵をめざす一方で、忠義の後見役として台頭した島津久光に接近していた。諭告書は複雑な藩内情勢を背景にしていたが、大久保の政治工作が実った面は大きいのである。論告書が出された知らせを聞いて、西郷は心より喜んだ。さらに感激したのは、論告書を引きだした精忠組の請書には、連名の冒頭が「菊池源吾」だったことだ。流刑者なのに先頭にもってきたのは、大久保らの友情の証《あかし》であった。

深く心を動かされた西郷は、和歌二首を詠んで返書に付した。

〈思ひ立君が引手のかぶら矢は　ひと筋にのみいる（射る）ぞかしこき（畏こき）〉

〈一筋にいる（射る）てふ弦のひびきにて　きへ（消え）ぬる身をも呼びさましつゝ〉

南島で消えていく身だと思っていたが、君たちが射た一筋の矢で目が醒まされそうだ──西郷はそううたっている。天に抜けていくような、素直で爽やかなうたであり、持って回った気《き》障《ざ》な表現はどこにもない。西郷の韻文は、明るい心はどこまでも明るく、悲しみの心情は悲しみのままで深くなっていくのが特徴であり、人柄をよくあらわしている。

南島の西郷は心身ともに安定していた。鬱屈した不平家はもういない。万延元年十一月七日付税所篤宛書簡中に、次の文言も見えるのである。

〈追って啓上、当分は猟方にて昼夜差しはまり候処、悶鬱《もんうつ》消《け》しを凌《しの》ぎ候事にて大元気罷《まか》り在り候〉

猟をして気を晴らしているとある。猟の伴侶は地元の爺（当時六十余歳であった）宮勇気《みやゆき》で、ふたりは野猪を獲物にしていた。断崖巨樹の間から出てくる猪をねらった西郷がしくじると、この爺は、好位置を与えたのにと顔を赤くして怒り、西郷は合掌再拝して謝したとの逸話がある。それでもふたりは家に戻って豚を割いて喰い、快飲して打ち上げをしたという。裏表なく付き合える猟友を得て、西郷は山野跋渉《ばっしょう》の愉快も得た。島生活におおむね慣れ、暮らしに不如意はもうない。手紙には〈大元気〉とある。なおこのとき、第一子の出産が間近であった。西郷は父になろうとしてもいたのである。

翌文久元年（一八六一）は在島三年目となる。三月四日の大久保、税所宛書簡では、西郷の精神はより穏やかなものになっている。召還運動をやってくれているようだが、感謝している、とはいえもう諦めているから放念してくれ、と伝えている。そしてかれは記す。〈私には頓《とん》と島人に成り切り〉と。島の人間として老い消えゆく達観のなかにさえかれはあった。

ところが世上はなお西郷を求めていた。幕末維新に向かう天下の形勢は、まさに混沌のなかに入っていた。尊王、倒幕、幕政回復、公武合体、雄藩主導……。方向性が点々バラバラとなり、だれも力強く時代をリードできなくなっていた。何が何だかわからなくなった状態だといってよい。外国勢力は間近に迫る。アヘン戦争で国を貶《おとし》められた中国のように、わが日本もなるのか。このとき、暗夜に座礁寸前なのが日本という船であった。

それほどの混沌時代、有為の人材は眠らせておく訳にはいかなかった。過去の経緯など細かく問うている暇はない。それほど時代は切羽詰まっていたのだ。

島の人間に成りきると悟ったはずの西郷に、むしろ召還の日は近くなっていた。

同志の裏切り

幕末史が混迷を深めてきた。文久二年（一八六二）二月、西郷は召還されて鹿児島に着く。ただちに活動家として復活、国元を発して下関、大坂へと向かった。このとき思わぬ突風的事態に見舞われる。国政復帰後の西郷の動きを面白く思っていなかった勢力の讒言《ざんげん》もあって、君公島津久光の勘気に触れたのだ。讒言した者のひとりは「精忠組」の仲間・有村俊斎であった。

木場伝内宛書簡（文久二年七月末）には、西郷の精忠組への不満が迸《ほとばし》っている。

〈所謂誠忠派（精忠組のこと）と唱え候人々は、是迄屈し居り候ものの伸び候て只上気に相成り、先ず一口に申さば世の中に酔い候塩梅、逆上いたし候模様にて、口に勤王とさえ唱え候得ば忠良のものと心得、さらば勤王は当時如何の処に手を付け候わば勤王に罷り成り候や、其の道筋を問い詰め候得ば、訳も分らぬ事にて国家の大躰《だいたい》さえ、ヶ様《かよう》のものと明《あきら》めも出来ず、日本の大躰はここという事も全く存知これなく、幕の形勢も存ぜず、諸国の事情も更に弁《わきま》えこれなく、そうして天下の事を尽そうとは、実に目暗蛇におじずにて、仕方もない儀に御座

候。〉

〈精忠組と唱えている者たちは、これまで抑えられていたのが与党化すると伸び上がり、上気して世の中に酔っている具合で、まさに逆上している有りさまです。口に勤王と唱えれば忠良の者になるとし、ではどうすれば勤王になるのか問い詰めると、訳のわからぬ答えしか返って来ません。国家（ここでは藩）の実状さえ明らかではなく、日本の実状はこうだということも全く知らず、幕府の形勢もわからず、諸藩の事情となるとさらにわきまえない。そんな連中が天下のことを尽くそうとは、実に怖いもの知らずで、これでは仕末におけません。〉

久光の取り立てで藩政を牛耳るようになった精忠組に対して、思慮なく興奮しているだけだと突きはなした言を下している。かつて同憂の交わりを重ね、請書では筆頭に自分の名前を挙げてくれたことに感動もした。その同志組織について、頑ななまでに容赦なく批判する。盟友大久保利通との仲にもどことなくすきま風が吹いてきた。その様子は、大久保は自分より忌《い》まれたはずだが助かった、ただ今はどうなっているか〈頓と相分り申さず候〉（同書簡）、との書き方で伝わってくる。

得藤長《とくふじなが》宛書簡でも、〈実に人間と申すは頼みがたきものとは、此の度《たび》初めて思い当り申し候。

猫の目の替わると一ッもの、一ッ腹のものと相考え居り候者が、拙者のぼろくどに喰い付き候事にて、案外のものに御座候〉（文久三年三月二十一日付）として、同郷同志の裏切りに痛切な人間不信の言を吐いている。〈一ッ腹〉と思えた仲間が自分の頭蓋骨《ぼろくど》に喰いついたとはすさまじい表現で、西郷の怒りと不信の深さを感じさせる。

再度の遠島

鹿児島へ護送された西郷に、文久二年六月、徳之島遠島の藩命が下る。召還わずか四か月で再び遠島人となったのだ。ともに鹿児島へ護送された森山新蔵は藩命なきまま船中で自害する。西郷はかれを哀れみ、また遺族のことを考え深く心を痛めた。藩命後五日で護送船は南島へ向けて出港した。屋久島、奄美大島を経て徳之島湾屋へ着く。奄美大島では愛加那《あいかな》をはじめ家族には会えなかったが、彼女の兄宛てに書状を託すことはできた。

湾屋は人家が散在するだけの寂しい港であった。ここでしばらく過ごし、岡前《おかぜん》の宿所へ落ち着く。岡前の現地役人だった惣横目・琉仲為《りゅうなかため》は西郷の人柄を知って懇意なる世話をした。サムライは無闇に威張るものだと思っていた島民に対し、西郷はあくまで礼儀正しく篤実に接した。分け隔てない態度、私心なき純朴なさまを見せた。奄美大島時代と違い完全な罪人だったが、琉は気にせず、在島中は便宜をはかり、沖永良部島《おきのえらぶじま》へ行くときは発船地井之川まで息子を付けて送らせたばかりでなく、たびたび沖永良部へ慰問の品や手紙を届けた。西郷は短い徳之島時代に、役目を超えて悲運のかれを扶助する味方を得たのである。

井之川で西郷を預かった現地の総横目・禎用喜《ていようき》も、かれの人物に一目を置いたひとりである。井之川滞在は少ない日数ながら、禎用喜は西郷の人物に心酔し、親しく交わった。かれを充分に休息させるため、船の準備を故意に遅らせたりもしたという。西郷は禎用喜に釣りを教えたようだ。沖永良部島へ渡ったのちも禎用喜は西郷のことを忘れず、鹿児島の情報を伝えるとともに、猪肉を送ったりもした。西郷はこの珍品を〈遠海相隔《あいへだ》てての御芳志〉と喜んでいる（禎用喜宛書簡、文久三年十月二十日付）。

徳之島在島は二か月と十日ほどで短期日だったが、滞在期間中、西郷は農政家ならではの鋭い観察眼を示している。島の砂糖行政についてであった。奄美大島同様、島民は苛酷な扱いをされていた。僻地に来た薩摩の役人は島民に威張りちらし、功績をあげるために無理かつ不当な要求を重ねていた。西郷は奄美大島での三年の見聞がある。ひとかどの見識をもつ西郷は、不合理だと思われる点を島代官に建言したのか、どうか。そこまではっきりしないが、代官が〈三ヶ条の仁政〉を発したことを、西郷は満足そうに書簡中で書いている（文久二年八月二十日付、木場伝内宛）。

一ヶ条は自作砂糖を生活用品と交換するさい、島民の注文書通りとするよう帖面と引き合わせるようにしたこと。

↓これまでは書役（薩摩人が務めた下級役人）が「品物がない」などと姦計をめぐらし島民に交換品を渡さず、砂糖だけ着服する例があとを絶たなかった。

二ヶ条は砂糖を煎じる時期を幅広くしたこと。

↓これまでは収穫が乏しくなる寒中に煎じさせて、島民を困らせることがあった。薩摩人が納品時期を優先し、不合理なやり方だった。今後は充分に甘蔗が熟した旧正月に煎じてもいいとした。

三ヶ条は余計な糖をつくった島民にはすみやかに米を渡すようにしたこと。

↓これまでは「総勘定のすまないうちは代米を渡さない」という仕組みが悪用され、姦商に米をだまし取られることも多かった。

それぞれは具体的で実効性のある改善策である。これらを評価する西郷は、実務に通じた農政家の識見と、不合理を糺して民を安んじようとする治者の本務意識を高く宿している。

なお、同じ書簡のなかでは、膝素立《ひざそだて》の取扱を改善した木場を、西郷は大いに称賛している。膝素立はヤンチュ（家人）の子で主家の下で一生を過ごす立場だった。奄美大島仕島中、西郷はその待遇改善を建議したこともあったが、〈迚《とて》も出来申さざる候儀と相考え居り候〉（とてもできないと考えていた）ところ、木場が実行したのである。〈先生も先生になり、後世に残り申すべく候〉と、西郷は驚き喜んでいる。理不尽に扱われている者の状態を改め、一人の人間として他の人間と並存できるようにしていく志向は西郷に発し、それに納得共鳴した木場が困難を乗りこえ実現させたのだ。

本物の流刑人

これら諸事はあったにせよ、回天事業に身を投じる変革者としては、徳之島のかれは諦観が深かった。藩にかばわれていた奄美大島時代は召還を一日千秋の思いで待っていたが、今回は本物の流刑人である。しかも囚人となった経緯を顧みれば、骨肉同様の仲間さえ事の真相を確かめもせず自分を罪に落とす側に加担した。もはや誰を信じればいいのか。信ずべきほんとうの友は悉《ことごと》く殺された。もはや頼みにする者などどこにいようか。老祖母がちょうど亡くなって国元での気がかりは消えた。自分は南島からもう二度と出るつもりはない――西郷はそう木場伝内宛書簡（七月末頃）に書き、投げやりともいえる心境をあらわしていた。しかも同書簡は、次のことばで結ばれているのである。

〈迚も我々位にて補《おぎな》い立ち候世上にてこれなく候間、馬鹿等敷《らしき》忠義立ては取止め申し候。御見限り下さるべく候。〉

出鱈目だらけで手に負える世上ではない、そこでの馬鹿らしい忠義立てなどもう御免だ、私のことはこれッきりと見限ってくだされ——西郷はそのように結んでいる。冗談ではない、やってられるか！　第二の遠島期のはじめ、かれのささくれだった心はそう断じていたのである。

徳之島の西郷に、さらに遠方、沖の果てにある沖永良部島への遠島命令が藩から下された。文久二年閏八月十四日、かれは井之川より出帆し、その日のうちに沖永良部島へ到着する。

徳之島時代、西郷の身にあったもう一つの特記の出来事は、妻愛加那が子どもをつれて会いに来てくれたことだ。両島現地役人の厚意からである。愛加那は生まれたばかりの第二子を夫に見せ、家族で数日間同居して、西郷は家庭的なひとときをすごした。生まれた子どもは女子だった。父西郷は、〈何にても幽囚ながら祝敷《いわいしく》御座候〉と、嬉しそうに木場伝内宛書簡で書いている。なお、西郷と愛加那の子ふたりはのち長男菊次郎が京都市長となり、長女菊草は大山誠之助（大山巌《いわお》の弟）の妻となった。

少数の「友」

奄美大島遠島は既述のように身を隠すためでもあり、島では比較的自由に行動できた。それに引き替え、沖永良部島遠島処分では護送のさいも船中の舟牢に入れられ、明白な罪人扱いである。着島後は入牢の身となる。

　大政治犯西郷はここで畏怖もされたが、素顔を知って敬愛と同情を覚えた人士が少なからずできた。不思議なことに西郷という人物は、逆境の谷底に落ちると決まって周囲に、役目を越えて親身に尽くす者を得る。わずか二か月と十日ほどの滞在だった徳之島でも琉仲為や禎用喜を得た。奄美大島では木場伝内がそうだったし、書簡の宛先として既に記した得藤長もいた。得藤長は龍郷出身。島役人として地元龍郷で間切横目《まぎりよこめ》（警察官）を務めており、正義感が強く「ハブ藤長」といわれていた。西郷が流されてくると、得藤長はかれの人格を理解し、水魚の交わりとでもいうべき関係を築いていく。愛加那と得の妻が従姉妹《いとこ》同士だった関係もある。西郷南洲と波長が合うのは、ある意味、西郷と似通った人間性の持ち主だといえる。南島には〈悪巧みのおやじ〉もあちこちに居た。しかし一方で、清廉の士も居ない訳ではなかったのだ。かれらはおおむね、地場で堅実な仕事をする者だった。

　苦境のなかで役目や利害を越えた「友」ができるのは、西郷の透明な人間性のなせる業であろう。詐術や権変《けんぺん》の匂いなきその誠実は、あるいは魯鈍《ろどん》なる誠実だったのかもしれぬ。しかし「魯鈍」こそ、近代がすすむにつれ不当に軽視されるようになった徳の一つではないか。少なくとも遠島人西郷を助けたのは、「魯鈍」の徳であった。「魯鈍」さに二心なき一心を感じさせたがゆえに、誠心から手を差し伸べようとする者をかれは現地で得たのである。かれは明晰さでひとを引きつける人間ではない。南島のひとびとはむしろ、二心なき「魯鈍」のほうに、まともなものを感得する。かくして南島の西郷は少数ながら真率な支持者を得た。最初は少数だ。しかしそこで心が通じ合った者同士が交わした精神のうたは、やがて大声《たいせい》となっていく契機を秘めているはずである。

牢中屈居《くつきょ》のひととなった沖永良部島でも、西郷に「友」があらわれる。間切横目の土持政照《つちもちまさてる》であった。囚人を監督する役目を担っており、来島した遠島人・西郷を受け持つ。このとき母ツルとともに西郷に親切を尽くし、西郷はそれに恩を感じて信頼関係を深めていった。

土持政照の証言

明治も半ばをすぎた頃、鹿児島県人鮫嶋宗幸は沖永良部島での公用をすませ、帰途に就こうとした。しかし、次第に風波激しくなり、ついには船が欠便となる。足止めを食らったのを幸いに、鮫嶋はかつての虜囚《りょしゅう》西郷南洲《なんしゅう》の謫居《たっきょ》地を訪ねてみるのだった。辿《たど》り着いた地は南方の植物が繁茂し雑草だらけである。こんな僻地《へきち》で西郷は維新の偉業を構想したのか。そう思うと、鮫嶋は名状しがたい感慨にとらわれた。

このとき島では、かつて幽囚西郷の世話をした土持政照が存命していた。鮫嶋は謫居跡を見た足でこの翁の門を叩くことにした。

あらわれた老人は頭髪が半ば白髪となっている。六十を過ぎていた。眉宇《びう》の間に篤実な人柄が見出せた。鮫嶋のこのときの聞き取りは『西郷隆盛謫居事記』（明治三十一年十一月）にまとめられている。以下しばらく同書をたよりとし、沖永良部島の西郷のすがたを土持老のことばから再現していこう。

文久二年閏八月十四日、沖永良部島伊延港（東シナ海側）に着いた西郷は、舟牢で二泊過ごしたあと太平洋側の和泊へ歩いて移った。島は奄美大島や徳之島より南国の風情がさらに色濃い。珊瑚の海が広がり、海岸にはアダンやガジュマルが勢いよく茂る。西郷は遠地に来た思いを強くした。かれは和泊の野外に急ごしらえされた、二坪余りの狭隘なる牢に入る。〈東西戸ナク南北壁ナク四面繞《メグ》ラスニ四寸角余ノ格子ヲ以テシ〉というほどの粗末な造りだった。荒格子で囲まれただけの四面からは風雨が容赦なく吹き込んできたというから、そこは牢というより「囲い」であって、人間の住居とはいいがたい。一隅には小さな厠《かわや》があり、さすがにそこは板屏風で視界から遮られていたが、蒸し暑い日が続くと汚臭はすぐ牢内に満ちた。

西郷は不平もいわず荒畳に端座し続けた。〈常ニ牢中ニ正座シ沈思《チンシ》黙考《モッコウ》以テ日ヲ消セリ〉といった日々であった。食事は粗末なもので、〈毎朝一回牢番ヲシテ飯ヲ炊カシメ昼夜ノ二食ハ熱湯ヲ以テ残飯ヲ温メ粗菜《ソサイ》ヲ喫シ〉だったという。飯の用意は朝だけで昼夜は残飯を熱湯で温めて食べた。それ以外は間食もなく水を求めることもなかった。囚人西郷はしだいに憔悴してくる。頭髪はぼうぼうとなり衣服は汚れ、栄養不良の様子がはっきりしてきた。まさに〈肉落チ骨出ツ〉といった有りさまである。

見かねた土持は、拍子木を与えて何かあったら叩くように促した。しかし、西郷は遠慮して一度も叩くことはなかったという。次に土持は、寒い季節を迎えた頃、吹きさらしの囚人を見るに忍びず、琉球火鉢を贈った。暖をとるよう勧めたのだ。こちらは好意を無駄にはできぬとして、西郷は受納し火に当たった。

入牢以来、入浴は月に二回と定められていた。西郷の身を案じた土持は、入浴で牢を出る機会をとらえて運動を勧めた。しかしかれは応じない。そこで一計をめぐらせた土持は、「牢の新規工事をする」として西郷を一時牢外のひととし、工事を長引かせることで牢外の空気をたっぷり吸わせた。新しい牢は広さとともに、旧牢とは衛生上に格段の差がある。外の風雨は防がれ、一方、採光通気は申し分なかった。さらに土持は在番所に願って入浴を月六回としてもらい、やがて隔日にした。

土持が細かく世話に努めた結果、〈身体枯瘦《コソウ》シ歩行サへ自由ナラサリ〉といった状態だった西郷は、〈漸次《ゼンジ》旧態ニ復シ〉てくる。やがて、入浴後に〈角力《スモウ》ノ好敵手ヲ望ム〉ほど元気になった。体調も良くなったのだろう、一番やろうと相成ったのだ。

とはいえ、牢中の西郷は多く憂愁のなかにあり、〈常ニ黙然〉としていたという。しばらくのちながら、「ひとや麿」（ひとやは人屋――牢屋――のこと）との自称を洒落《しやれ》で付け、突きはなした諦観の人間だったときもある。沖永良部島の西郷の基調はそこにあった。

教育者西郷

それでも、次第に元気を取り戻してきた西郷は、なにより読書へ専心するようになる。愛読した本として土持が挙げるのは『韓非子』、『近思録』（朱子学の入門書）、上杉鷹山《ようざん》の師として知られる細井平洲の『嚶鳴館遺草《おうめいかんいそう》』である。またかれは牢中で詩作と習字に取り組み、熱中した。南洲最初期の漢詩（現在残され、確認できる範囲で、だが）はこの時期に集中的に成される。詩づくりを始動するとまもなく、豊かな詩心が西郷にあふれだすのである。内面に眠っていたものが目を覚ましたのだ。

土持はうち解けてくると、焼酎を片手に西郷を訪ね、一献をすすめたこともあった。牢屋人で謹慎中の身だといちおうは断る西郷だったが、土持の厚意に配慮して盃に口をつけた。微酔となった西郷は、軍談を話し始め、たばこ盆を叩きながら謡をうたった。

学問をする西郷に敬意を覚えた島民は、児童を送って教育してもらうことにした。奄美大島で龍家の子どもに教育を付した件は前述したが、二度目の遠島でも西郷は教育者としてふるまった。和泊村附近の児童を相手に、獄中で教えを授けた。その数は次第にふえ最終的に二十名ほど。うちの一人に操坦裁《みさおたんさい》の子坦頸《たんけい》がいる。孟子や論語の講義を受けたと「操家系譜」にある。授業内容はこれら古典の素読が朝から昼まで、夜は講釈があった。

西郷はまた、坦頸を通して操家にある漢籍の借覧を求めている。漢籍への関心は旺盛で、自分はまるで学者の塩梅だと鹿児島の叔父への賀状で伝えている。なお、操坦頸は明治の世で医者となり、その子坦道、坦水も医者で、前者は九州大学医学部長を務めた。

島の児童に示した西郷の教えは、操坦頸への教書（文久二年冬）が残されており一部を知ることができる。教師西郷はまず「明徳」を説く。

〈ちょっと胸にうかんだのを、すこしもゆがまず、まっすぐになし、ちっとも心によごれのなく、仰いでは天に恥じず、俯《ふ》しては地にはじん《ママ》のが、明徳を明らかにすと云うぞ。〉（ひらがなに直した『西郷隆盛全集』からの引用。以下も）

語り口調までしのばれる一文であろう。巨眼巨軀のサムライが牢内で語る右のことばを、神妙な顔つきで聞き入る子どもたち。その図は想像するに愉しくもある。

「天理」は子どもにとって難しい概念だが、西郷は明徳から説き起こしている。

〈夫《それ》明徳と云うのは天の心にて、いまだ喜怒哀楽のおこらざる所なれば、一点の汚塵《おじん》これなし、よって名づけて天理と云う。〉

情が起こる以前のすみきった心で物事に向かえば、必ず「天理」を見出すことができる。必ず真情に当たる。それは鏡が物を照らすが如くだ、と西郷は説く。一方で、人欲を持ち込むから天理が歪むといった類《たぐい》の説明は、〈情に落ちた論〉だと西郷は批判してもいる。〈六ケ敷《むつかしく》〉あれこれを持ち出して「天理」を理解せんとする愚を遠ざけ、〈いまだ喜怒哀楽のおこらざる所〉で事に応じるため一心不乱に修行せよ、とかれは教えている。「喜怒哀楽が起こる以前の汚塵なき所」とは、たとえば西田幾多郎の「純粋経験」を想起する表現だが、東洋思想に広くみられる境地であろう。それを思索でなく行によって把握せんとする点も、いかにも東洋的だ。

坦頚少年に示した教えのなかで、「妖寿《ようじゅ》」について説いたものも注目される。妖寿は『孟子』尽心章にあることばで、命の長短をいう。西郷はこれを少年たちに講義することで、生死達観たる武士の精神を語っている。生きている者はいずれ死ぬ運命にあるはずだが、〈常に、人、生をおしみ死を悪《にく》む、是皆《これみな》思慮分別を離れぬからのことなり〉と説き始め、死をおそれる心が人欲を多彩に生みだし、天理の把握を妨げる事態をまずみつめる。そして、天理の在処《ありか》がわかれば、妖寿はどうして念とすることがあろうか、と示す。「天命のままに」ととらえればいい。「天より授かったままで天に復《かえ》す」ととらえればいいのだ。そう西郷は説き聞かせている。やがて人生のさまざまな局面で、〈死地〉に立つかもしれない少年たちに向かって。

古さと新しさ

和泊獄の西郷のもとには、同じ沖永良部島流謫中の川口量次郎（のち雪篷《せっぽう》）も訪ねてきた。貧家にあった川口雪篷はあるとき君公島津久光の本を持ち出し酒代に替えてしまった。このことが露見して沖永良部島に流されたのである。そこで西郷に出会い、生涯の知友となった。両人の縁を取り持ったのは土持政照である。土持は雪篷の住む西原へ出掛け、雪篷と会って西郷との会見を仲介する。

雪篷は和漢の事績に通じるとともに、能書家で、また陽明学に長《た》けていた。西郷より十余年の年長にして、小事にこだわらない木訥《ぼくとつ》な人間であり、西郷はたちまちかれと意気投合する。ふたりは国家を論じ歴史を論じ、またふたりして『嚶鳴館遺草』の写本をつくった（これは政照に贈られた）。西郷は詩作と書を雪篷から習ってもいる。明治になって、雪蓬は西郷家の親類同然となり、鹿児島の邸の留守役を任せられた。南洲墓地の「西郷隆盛之墓」は雪篷の筆である。

土持は西郷に与人《よひと》や間切横目の心得を尋ねたことがある。これに答えて南洲は「与人役大《だい》躰《たい》」「間切横目役大躰」を書いた。島役人のあるべき姿を示した大要書だが、それを超えて、政治の理想を説いた文章として見ることができる。現代語に変えて大枠を紹介しておこう。

「与人役大躰」

天は万民を直接には扱えないので、天子を立て、万民それぞれの業が安んじるよう扱え、とした。しかし、天子一人では行き届かないので、諸侯を立ててそれぞれの範囲内で人民を安堵するようにした。それでも諸侯の眼が届かないことがあるので、有司を設けたのである。ゆえに、有司たる頭人（人の長）はひとびとの心を得ることが第一であり、そのために身を勤めて私欲を去る必要がある。この島に眼を転じれば、島役人である与人はわずか三人で、人の上に立つ重い職業だ。与人が誤ると千人万人を誤るゆえ、立場を理解して身を慎まねばならぬ。ひとびとをわがままに扱えると思っていれば、たちまちひとびとの仇敵となる。むしろ頭人は民の苦しみを自分の苦しみとし、民の歓楽を自分の歓楽としながら、天意をあざむかないよう日々努めないといけない。各人仕事が滞りなくできるように取扱い、また凶作を予防する。さらには、代官（長官）の命令でも、ひとびとが苦しむことがわかっていれば、何回でもかれらの難渋を説明して納得してもらうようにする。そのように心を用いるのが人の長のつとめである。

「間切横目役大躰」

監察という役目であり、諸役人を含め万事の目付役である。とはいえ、犯人を捜したとか、尋問をうまくおこなったというのは枝葉の事であり、咎人を出さないようにするのが横目役の本意である。孤独である者をあわれみ、患難《かんなん》憂苦にある者に恵みをおこない、善行ある者を褒め尊んで、ひとびとが相互に不憫がるように仕立てることだ。最も用心したいのは、役人の私曲によって民に咎人がつくられる事情で、その内実を見極めることが肝心となる。軽い罪を重く罰し重い罪を軽めに扱うのは法を私することになり、そうしていると、ひとびとは法度をなんとも思わなくなる。万人が法をおそれつつしむようになっているかは、横目役が第一に心がけなくてはならない。

これらふたつに示されたのは、確かに「古い」道徳であろう。西郷はこうした「古い」道徳の念を、行動の根幹になるほど堅牢にもっていた。「封建」の世の秩序――上下に身分の差はあったとしても、ひとびとがみずからの生活を安んじていける世界、その世界を平穏に保つ人間観、社会観――を、治者が倫理意識高く行動することで守っていこう、という動機を、心の奥深く蔵していた。

にもかかわらず、「近代」の必要を認め、その導入が日本と日本人に欠かせないこともまた、西郷の考えのなかにあった。それはたとえば、事実上首相級の参議として政権にあった明治四年（一八七一）十一月〜六年九月、「西郷政府」が実施した改革をみてもはっきりする。士農工商の身分撤廃、農民の土地所有権認可、被差別部落民解放令と人身売買禁止令の布告、学制公布（国民皆教育路線の成立）、新橋─横浜間に鉄道敷設、陸海軍両省設置と徴兵制の導入、裁判所の設置、国立銀行条例の制定、さらには太陽暦の採用など、「近代化」の重点政策がこのとき政府により矢継ぎ早におこなわれたのである。これらの多くは、もとより以前から準備はされており、「西郷（政府）がやった」とまではいえない。しかし、首相級の西郷が反対するとか、反対しないまでも沈黙し非協力となれば、その時期での実施は難航したはずだ。西郷は一面において健全な「近代社会の理解者」なのであった。

この矛盾こそが西郷という存在の重要性である。「封建」を遅れたものと否定し、「近代」へとずかずか進んでいった「進歩的」人物が、結局は歴史的人間として凡庸な肖像しか残さなかったのに対して、西郷の人間像ははるか時空を超え、いまわれわれに新しい「教書」を伝えるかのように思えるのは、かれが一部で「遅れた意識」をもっていたからにほかならない。かれは明治十年九月、「最後のサムライ」として城山《しろやま》で滅んだ。にもかかわらず、西郷南洲は、凡百の「近代主義者」よりもはるかに遠く、躍如たる人格的影響を残し続けている。「遅れていた」がゆえに「進んでいる」。あるいは、「遅れており、進んでいるという矛盾を生きた」ゆえに、歴史の射程長く「生き続けている」。この逆説の本当の意味に気がつくまでに、また「遅れたもの（と思われてきた良きもの）」をほんとうに甦らせるために、日本近代はさらに深甚に苦悩する時間が必要となろう。

社倉設置を説く

さて、「与人役大躰」でも凶作予防は示されるが、沖永良部島在島中に西郷が示した農政上の提案に「社倉趣旨書」（文久三年頃）がある。飢饉への備えとして村々に穀物倉庫を設立すべしという内容で、各人の農業所得を調べ家内の人員等も把握したうえで穀物供出を割り付ける、米高に応じての割高を設定して年ごとの備蓄を示す、ある程度の量になったら初年度の分は返還する、など具体的な提案が並んでいる。公共の備蓄米があれば、不幸の災難に遭ったひとを救えるし、凶年のときは窮民に支出できると西郷は説く。明快で実現可能な案であり、西郷の現実的視点と実務能力の高さがここでも垣間見える。なおこの社倉の法は、七年後の明治三年、土持らが詳細な社倉設立願書を提出し、沖永良部島で実現している。資本備蓄にさいしては、島民の負債を解消することが先決とされたが、このとき負債棄却に尽力した一人は西郷隆盛であった。

西郷と土持政照は、囚人と監督者の立場を超えて深い友情を培った。在島中、薩英戦争（文久三年七月）が起きたとき、西郷は島を脱出して参戦する策を練り、土持の協力を得て造船をおこなおうとした一件もある。鹿児島の情況がわかり脱出は思い留《とど》まったが、ふたりは国事をめぐり同憂の士となっていたのだ。

なお、薩英戦争の報に接した西郷は、得藤長宛書簡（十一月十七日付）で、〈もふは何様の事これあり候ても、大和《やまと》には罷り登らざる考えにて御座候得共《そうらえども》〉（もはや何があっても鹿児島には戻らない考えだが）、〈名残りの狂言に軍迄いたして見申したくと思い返し〉（名残の狂言にいくさがしたいと思い返し）たと、心境の変化を書いている。深い諦観のなかから、武門人の職人的興味が生の躍動《エラン・ヴィタール》を伴って湧き上がってくる様相がある。それに符牒を合わせるように、西郷召還の動きが故国鹿児島で活発となっていた。

豊饒なる時代

西郷南洲が二度目の遠島から召還されたのは元治元年二月である。離島にさいしてかれは、土持へ惜別の漢詩を贈っている。『西郷隆盛全集』収録作はのちの改訂を付したもので、『西郷隆盛謫居事記』『流魂記』にある原詩のほうを引いておく。

別来如夢亦如雲　孤客何情涙泫々　獄裡仁恩謝無語　心関波浪痩思君

（別れは来たり夢の如くまた雲の如く、孤客何ぞ情す涙泫々《げんげん》。獄裡《ごくり》の仁恩謝するに語無く、心波浪に関し痩せて君を思わん。）

［別れというのは夢のように、また雲のようにやって来る。ひとり旅立つ身はしきりと情にとらわれ涙がこぼれてくる。獄にある自分を温かく扱ってくれた有り難さには感謝のことばもなく、心は波と繋がり君を思って身は痩せるだろう。］

本土で改革運動に尽力していたとき、西郷南洲は幾たびも、裏切りや策謀の暗い現実に出会ってきた。今日は友でも明日は敵になる人性の冷気はたっぷりあびた。そして今度は、遠島という人生の逆境を迎えたのである。しかし流離していった先に、別の世界の扉が開かれた。南島でかれは、利害や役目を超えて手を差し伸べてくれる者を得た。誠には誠で答え、真情には真情で応じる「友」を見出したのである。「友」たちと、そして地場の民と心を通じ合わせる経験は、一種の感情教育をかれに付すことになった。西郷はすぐれた理解力と咀嚼力を示した。かくして、ふくよかな感情体系を獲得した西郷には、これまで聞こえなかったうたが聞こえ、これまで存在も知らなかった謡が喉から自然と出て来るようになった。体制を超えて人心を呼び込む地声が引きだされた。かれは追放され辺境で暮らすなかで、変革者としてより多くの層を引き込む器量を養ったのである。

南島体験は西郷にとって豊饒なる時代である。そして追想するに楽しき一季であった。のち日本国総洗濯の大仕事を成し遂げた西郷は、功労者として祭り上げられるのに居心地の悪い思いを抱いていた。不快なことばかり多く、窮屈きわまりない世界が周囲に在った。そんなとき、政治力を奪われた南島時代の、闊達で愉快だった記憶が翻然として甦ってくる。次の漢詩はこの心境をうたっている。

世上毀誉軽似塵　眼前百事偽耶真　追思孤島幽囚楽　不在今人在古人

(世上の毀誉軽《かろ》きこと塵に似たり、眼前の百事《ひやくじ》偽か真か。追思《ついし》すれば孤島幽囚《ゆうしゆう》の楽《らく》、今人《こんじん》に在らず古人《こじん》に在り。)

[周囲からの評判などくるくる変わる。その軽いこと塵のごとしだ。いま目前に起きていることも真偽のほどはのちまでわからない。思い起こせば、孤島で幽囚にあったときは楽しかった。その楽しみは今の自分ではもう得られず、古い自分にしか味わえない懐かしいものになった。]

俗悪きわまりない新体制の権力世界にあきれ果てた西郷が、〈勤勉な生活のめだたない歩みをつづけるようにさだめられた人びと〉と心を通じ合わせていた時代にまともな人間関係があったと懐かしむのは当然である。〈孤島幽囚の楽〉には西郷の南島への思いが凝縮している。
五年の南島時代は、政治的には深い逆境の谷であり、生活人としては艱難《かんなん》辛苦の季節であった。しかしそこにあって西郷は、精神の幹を却って自在に伸ばした。人間理解を深め、感情を重層化させ、詩的精神をあふれさせた大樹になった。そして、ことばがあらわれ、うたがあらわれる。

別れとはじまり

漢詩人西郷南洲の作品中、別離をうたううたには、とりわけ感情の明暗が厚く込められ、名状しがたい共感を招き寄せるものが多い。土持との別れに成した作はすでに紹介したが、次の漢詩「暮春送別」も忘れがたい佳品である。

暮雨蕭蕭愁態加　欲駆春意使人嗟　誰知此夜双思涙　明日別君又別花

（暮雨　蕭蕭《しょうしょう》として愁態《しゅうたい》加わり、春意《しゅんい》を駆らんと欲し人をして嗟《なげ》かしむ。誰か知らん此《こ》の夜《よ》双思《そうし》の涙、明日《みょうにち》君に別れ又《また》花に別る。）

［暮れゆく頃の雨はひっそりとさびしく降り、もの悲しさが襲ってくる。名残の春のけしき

をたのしもうとして、かえって歎きのなかに沈み込むだけだ。この夜のふたつの思いを誰が知るだろうか。明日、君と別れる思いと、花々と別れる思いのふたつを。」

忘れえぬ人と別れ、「花」と別れる。ふたつの別れは、けなげなものとうつくしいものを背にするわびしさで、詩人の魂を打ちふるわせる。

「花に別る」の表現は、高田平次郎（沖永良部島詰横目）が島から転出するとき、あとに残る西郷が成した送別詩

春容催暮惨離情　万里行舟向帝京　花謝送君相共去　無那鶯語惜期鳴

（春容暮《しゅんようくれ》を催《もよお》して離情惨《りじょうさん》たり、万里《ばんり》の行舟《こうしゅう》帝京に向かう。花謝し君を送って相共《あいとも》に去り、那《いかん》ともする無し鶯語《おうご》〔うぐいすの声〕期《き》を惜しみて鳴くを）

の、第三句中「花謝し」（花は散り、の意）に通じる。〈別君又別花〉で終わる「暮春送別」もまた、南島からの別離の悲しみをうたった作品とみることができよう。こちらの詩で島を出て「花と別れる」のは西郷のほうであった。

西郷は国元へ戻り再び国事に勤める日に希望を膨らませる一方で、過ぎ去っていく島での生

活を懐かしんでいる。一寸先が闇になるほど人間の有為転変が烈しくなった幕末期、大西郷とも呼ばれた一級の実践者が五年にわたり国政の動きから離れていたことは、よくよく考えれば異常なことだ。猫の目のように時代が変わるときの五年は余りに長い。とはいえ南島の五年は無駄ではなかった。西郷の精神は、島びとになった時代を経て、一種の飛躍を成し遂げたのである。かれは衆生のなかへ下降し、士族社会の狭い了簡《りようけん》から解放され、幅広いひとびとと交わりその心をつかむ器量を育《はぐく》んだ。南島の光と風を受け、遠くでも見える形の良い大木へと西郷の精神は成育した。この状態でかれは、南島の「花」と別れ、国政変革の中心地へ向かって行く。いよいよ指揮者《コンダクター》がひとびとの前に立つ。そして、日本の歴史を一つの方向へとまとめあげていくうたが、瑞穂《みずほ》の国のすみずみに、大きなうねりとなって響き渡るのである。

第七章　無常のなかの祈り

人生の浮沈

平庸無風波な生涯を送れる人間などだれひとりいない。だれもが親しみとなつかしさの記憶を堆積させ、小さな勲章を掛けられる誇らしいひとときくらいはもつ一方で、せせこましいいじけや悔恨に苛《さいな》まれ、くらい憎悪の焔《ほのお》がいつまでも消えない体験を重積させている。銀の匙をしゃぶりながら富家のゆりかごにゆられた青年も、暴力と理不尽しかない幼時を生き抜いた不良も、寒々しい裏切りや無償の思いやりを人生の辻々で味わっているはずだ。幸運の札を引き続ける者など（ひがみから他者をそう見る人間はいるにしても）実はあり得ないし、また不運の沼でもがき続ける者にしても、（当人の自意識は別として）実際にはそういるものではない。両者の純粋型をともにつくりたくてもつくれないほどに、人間社会は複雑と混沌に満ちているのだ。年老いた男が河面《かわも》を見つめるのは慰安のためだけではない。かれがしているのは、人間社会の条理と不条理（とおぼしきもの）に身を揉まれ尽くした、実は幸福でも不幸でもない己《おのれ》の生涯をふり返ることで、「時」の絶対性が語りかけてくる無常につつまれ、静寂へと還るための精神の整序作用にほかならないのである。

それでも、同時代史の振幅によっては、ひとりひとりの悲劇や喜劇や怒劇は、かなりの急上昇と滑落を余儀なくせざるを得なくなる。絶対不幸と絶対幸運の上下運動に目が廻る場合もあり得ないことではない。赤紙召集が当たり前で、英霊の骨壺があちこちの家で無言の帰宅をしていた時代に青壮年期を生きた者と、マイホームとテレビと会社帰りの居酒屋がけだるい安逸を保障してくれた一億総中流時代にあった者とでは、引き受ける人生の異形の程度が違《たが》うのは当然であろう。すなわち戦争と革命の一季にあって、ひとびとの人生の勝ち負けをカウントせよというなら、どうしても大文字の事態を積み重ねることになってくるのである。

それでは大変革期に生きたこの男の人生とはどうなのか。この男の人生決着表の勝ち負けは、どういった星数なのか。

長州問題での転換

いうまでもなく、南洲《なんしゅう》西郷隆盛の星取り表には、白星が燦爛《さんらん》と輝いている。〈一八六八年の日本の維新革命は、西郷の革命であったと称してよいと思われます〉と内村鑑三にいわしめた大実践家にとって決定的な白星はいくつか指折れる。

禁門戦争（元治元年〈一八六四〉七月）から第一次幕長戦争（同十月、幕府側からみて「第一次長州征伐」ともいわれる）での役割がそのひとつであった。

日本史において、尊王倒幕運動が現実政治を動かすのは、幕末のごく短い時期にすぎない。実のところ、それ以前、「尊王倒幕」は大方から完全に浮き上がっていた。志士なる者は一種の凶党連中だと見なされた。大方から見ればかれらの主張は憑依的な異常観念であって、その実態は根無し草の暴力集団にすぎず、やっていることといえば天誅《てんちゅう》なる手前勝手な殺人である。長州がこの思念の総本山といわれるが、その長州にしても、紆余曲折あるものの俗論党（幕政維持派）がさかんだったのである。

尊王倒幕勢力が歴史変動の主人公になったのは、維新実現のわずか三年半前にすぎない。発火点は禁門戦争である。このたたかいに踏み切ったことで、〈倒幕論は、もはや散在せる一人一党的な浮浪有志の奔放な議論ではなく、現実的政治勢力としての一大国長州の解消しがたい政治コースとして定着した〉のだった（葦津珍彦「禁門の変前後」、思想の科学研究会編『共同研究 明治維新』収録）。長州は禁門戦争にあえなく敗れた。敵のなかで最も強大な存在は薩摩藩兵であり、かれらを率いた者こそ南島から還《かえ》ったばかりの西郷南洲であった。

這々《ほうほう》の体《てい》で京都から逃げ戻った長州は、今度は自藩領土で外国と交戦することになる。英仏蘭米連合艦隊の下関攻撃（八月五日）だった。戦闘は四日で終わり、長州は砲台をほとんど破壊されて完敗する。一藩で日本中の軍を相手にする覚悟があった、それなりに強力だった長州も、禁門戦争と対四国連合艦隊戦（馬関戦争）の連続敗戦で大混乱をきたしている。そこに幕府軍（西国を中心とした諸藩連合軍）が襲いかかろうとしていた。事実上の最高指導者は参謀職の西郷南洲である。

西郷ははじめ長州征伐を強硬に主張した。長州人を〈狡猾〉と断じ、もし長州が投降したら〈纔《わず》かに領地を与え、東国辺《あたり》へ国替迄《くにがえまで》は仰せ付けられず候《そうら》わでは、往先御国《ゆくさきおくに》（ここでは薩摩藩）の災害を成し〉と言いきっている（大久保利通への書簡、九月七日）。領地を取り上げて東国へ国替えさせるがよい、というほど断罪の感覚が強かったのだ。

その南洲が大転換した。自ら岩国に出向き長州側の吉川堅物《きっかわけんもつ》と談判、圧倒的な武力を背景にしつつ、三家老の自刃をもって戦争を終わらせた。このとき南洲がなぜ考えを転換したのかについては、さまざまな解釈がある。幕府の内情を熟知する勝海舟からの影響は、よく指摘されるところだ。それもふまえ、異人が四海に迫り武力行使しだした時代、統一国家体制づくりが急務だと判断して、日本人同士の戦《いくさ》による消耗を避けたのが主旋律だと筆者は見る。異人は馬関戦争に完勝し、勢いあまって摂海（兵庫港）まで来航するとの噂が立っていた。事態を把握した南洲が動く。なにより第一次幕長戦争を止めることだ。元治元年十一月、西郷南洲は幕府の意向をおおむね無視して、長州に対し「たたかわずして矛《ほこ》を収める」戦争処理を、現場レベルで主導、実現する。結果、たいした戦闘もせずに第一次幕長戦争は終わった。

長州問題解決にさいする南洲の転換は、上記で示した通り、「攘夷」を念頭においたものであった。ひとびとは木と紙の家に住み、火力兵器は長らく持たず（一度手にした鉄砲は捨てていた）、陽とともに目覚め日没とともに眠っていた東洋のゆかしき小国。その国土が、殺伐をものともせず腕力をもって迫る「近代」に、すっかり取り囲まれている。実は相当な国際情報通だった薩摩藩にあって、一派の主要人物だった西郷南洲は、阿片戦争をめぐる中国情勢など東アジアへの列強の動きを正確に把握していた。列強といっても国によって立場が異なり、普仏戦争が起こりうることも知っていた。そのなかでの、日本の扱われ方やありうる位置もよくわかっていた。実状を押さえた南洲は、危機のなかの軍事指導者、政治家の任にあって、列強とは筋道を立てた交渉をするしかなく、条理に基づいたこちらの言い分を受け入れざるを得なくするしかない、そのためには、異国艦船を打ち破る軍事力を背景にしないといけない、とはっきり認識していた。

とはいってもこのとき、南洲の「攘夷」は打ち払う攘夷ではない。日本のことは日本人でやるという意味の「攘夷」であって、旧制度への愛着に凭《もた》れ新時代への扉を閉ざす発想から、明らかに卒業している。

二つの尊王攘夷

幕末の日本を動かした考えは尊王攘夷だとひとくちにいわれる。しかし「尊王」と「攘夷」にはそれぞれ、似て非なる二種類がある。「尊王」はもともと尊幕と一体化した観念であった。幕府に政権を与えたのは（形式的には）天皇である。幕府の統治の根拠は、天皇が授ける征夷大将軍位なのであるから。よって幕府を重んじることを通して天皇を重んじるというのが、名分論からいっても至当であった。それが倒幕とイコール概念の「尊王」に変化するのである。これは重要なパラダイム転換だが、それが成せたからこそ、「尊王」は変革の力となり明治政権を成立させる原点となれた。「攘夷」もまた、時代の動きのなかで根本的な変貌があった。港を閉鎖し異人船を打ち払い自閉するという意味あいから、外国の手を借りずに自分たちで新しい国づくりをおこなうという意味の「攘夷」に変化した。この新しい「攘夷」観は、明治国家が東洋の自立国として世界に伍していく原点的考えとなる。

　変化は人によって、属するグループによって、また藩情によってさまざまである。しかし、思慮ある運動家はおしなべて、前者から後者へと確実に重心を移していった。西郷南洲がその一人である。そして西郷は、後者的解釈による「尊王攘夷」を把握するやいなや、断然実行に踏み出す。知《ち》行合一《こうごういつ》的な功（実践）の力こそ、西郷の、とてつもない巨人性をもたらした。三島由紀夫は西郷を〈不思議な反知性主義〉の行動家だと捉えたが、大変動の一季は知性が虚弱を招きやすく、〈反知性〉はむしろ美質となった。

　実際、このときの西郷南洲には才人的なふらつきは微塵もない。幕府はすでに侮られている。条理に基づいた交渉を異国とおこなうことができるのは、強国合団（雄藩連合）による指導部だけではないか。ゆえに雄藩連合の確立を、西郷はかの巨眼でまっすぐ見据えていた。そして、実ある合団指導部のためにも、充分な兵力は欠くことができない。とすれば、合団の一翼たる自軍の強化は欠くべからざるものである。大久保利通宛書簡（九月十六日付）で西郷は、薩摩軍の軍費調達のために生糸買占めを企てている旨を伝え、〈暴客《ぼうきゃく》の天誅《てんちゅう》を蒙《こうむ》るか、又は幕吏の刺客を蒙るか、何にしてもしれた敵に御座候〉と嘯《うそぶ》いている。尊攘激派の〈天誅〉も幕府の暗殺謀略も恐るるに足らん、であった。西郷は幕府を見捨てはじめたが、激派の総本山・長州とも車間距離を保っていたのである。

倒幕の政治勢力として現実的存在となった長州に対し、討伐から和議へと舵を切り換えた南洲の判断は、しかし結果として、二度の敗戦で尾羽《おは》うち枯らした尊王長州の温存をはかったことになる。さらには複雑な政治情勢を背景に、長州と薩摩との結びつきをもたらした。これは歴史を前に進めたという意味で、決定的な出来事である。このときの南洲は、五年に及ぶ南島虜囚時代から戻ってわずか八か月に過ぎない。時代が求めた人物は、歴史の主舞台に一気にかけ登った。

薩長同盟

西郷南洲の白星は、維新成就に至る三年半に集中しており、それらは連続した出来事となる。白星の二つ目には——本章ではすでに序段を語りはじめているが——薩長同盟での役割があげられる。当時、本気で武力倒幕をやるというなら薩摩と長州が手を握ることしかあり得なかった。両者が結びつけば武力倒幕は実現可能性が格段に高まる。日本国総洗濯がなされ、ひとたびとはまっさらな肌着を着て新時代を歩み出せる。そのことはもはや、実状を知る者ならだれもが辿《たど》り着く結論になっていた。西郷が南島から戻った元治元年には、自明すぎることだったのである。

しかし両藩は根本的にいがみあっていた。イデオロギー過剰の長州と現実主義過剰の薩摩とでは、もともと波長は合わない。アナーキーな長州と統制的な薩摩とでは、合意形成も行動様式も違う。それが好悪の違いにまで煮詰まり、感情的な齟齬《そご》さえあったのが維新前夜の両者関係であった。長州藩を京都政界から追放した「八月十八日の政変」（文久三年）以来、「薩賊会奸《さつぞくかいかん》」が長州藩士の合言葉だった。薩摩と会津だけは許さじ、である。会津とともに薩摩は、長州にとって立ちはだかる巨大な壁、最終打倒目標の幕府よりむしろ切実な、ほんものの敵であった。長州藩の兵士は履物に薩摩、会津と記し、踏みつけにして憎悪の感情を高めていた。

その長州は禁門戦争で完敗した。さんざんに蹴散らされた。このとき相手の首帥座には長州の横暴を憎む南洲が仁王立ちしていた。しかし政治は一寸先が闇であり光である。歴史は当事者たちすら思いも寄らぬ展開をつくる。直前まで目を背《そむ》け合っていた両藩が同盟を結ぶことになったのだ。倒幕へと歴史の潮流を決定的に変えたこの同盟はかなりの難産だったが、坂本龍馬というすぐれた触媒と、西郷南洲というすぐれた求心体が、最終局面で、小異を捨て大同につく意志を一貫させたことが大きい。長州には憐れみを乞うような連携は御免だとの面子《メンツ》がある。薩摩にも長州を警戒し毛嫌いする者は多い。不信が重なり決裂もありえた交渉現場で、「薩摩からの歩み寄り」を実行させて同盟成立に踏み切ったのは西郷であった。同盟は、長州にしてみれば踏みつけにしたいほど憎悪していたかつての敵を、ともに和声をつくる合唱隊の友に変えたのだった。

第二次幕長戦争（慶應二年）が起こると、薩摩は同盟の趣旨に合わせ幕府軍への出兵を拒絶する。それが理由の大きな一つとなって幕府軍は敗退した。十六万の軍勢を八千の長州軍が押し返したのである。長州からみて第二次幕長戦争は四境戦争といわれる。圧倒的な幕府の軍勢を倒したのと同時に、それによって時代の流れを決定づけた自信もあり、長州人にとってこの戦争の記憶は明るいものになっている。

不思議な凱旋兵

一例を示そう。山口湯田は文久三年、三條実美《さねとみ》ら尊攘急進派公家のいわゆる「七卿落ち」にさいし、かれらを迎え入れた土地として知られる。西郷隆盛も密議のためこの地を訪れ、温泉につかった。

大正時代のことである。湯田出身者に一人の悪童がいた。一家の期待を受けた長男だったが、中学を落第し、このときだれより医家の父を落胆させた。父は炬燵《こたつ》にもぐり込み家人にも顔を見せなかった。往診を数日休んだくらいである。悪童は少年歌人として地方で多少は名が知れる存在となっていたが、その代償が落第だとしたら、詩神のすぐれた臂力《ひりょく》を恨むしかない。落第した悪童は、放擲《ほうてき》された者として洛中へと辿り着いた。京都の路地を彷徨《さまよ》い歩き、堕落の青春に惑溺したのである。軍医学校に学んでいたとき校長森鷗外に私淑していた父としては、同じ文学の魔にとりつかれたとはいえ、息子と鷗外とに雲泥の差を感じていただろう。悪童の名は死後にあがり、ゆえにかれがどういう雰囲気の家で育ったのかについて、記録が残された。そのなかに可笑《おか》しい話がある。

かれら一族はかつてみな毛利家の家臣だった。幕末維新期には多くが倒幕派となり、悪童の曾祖父小野勝治、祖母スエの兄小野虎之丞らが禁門戦争に参加している。なかでも虎之丞は尊攘過激派で、京都でテロをおこなおうとして久坂玄瑞《くさかげんずい》に説得中止させられたという一件もある。やがて長州と幕府の四境戦争が起こると、勝治、虎之丞をはじめ一族は二十倍の幕府兵力とたたかうため揃って参戦した。この戦争で小野虎之丞は芸州口に戦死する。

スエは後年、孫たちに向かって、虎之丞「凱旋」の日のことを寝物語に幾度となく語った。エイホッという駕籠担ぎの声がだんだん近づいてくる。二十一歳の虎之丞が「凱旋」して到着、仏壇のある八畳間に運ばれる。見ればこの凱旋兵は、腹部に大砲の弾ほどの穴があいていた――話のこの箇所になると、兄弟たちはいつも嬉しがった。

近所のひとたちはみな〈おめでとうございます〉と言いに来た。名誉の死だったからだ。その不可思議ともいえることば〈おめでとうございます〉も、語られるたびに孫たちは愉快がったという。話に聞き入っていた孫の一人に、かの悪童もいた。（中原思郎『兄中原中也と祖先たち』）

屍体が無言の帰宅をする場面だが、陰惨ではない。むしろ明朗である。まさに名誉の戦死、誇るべき先祖の記憶であった。勝ったからだけでなく、明治国家成立に結実する動きに関わって死んだという肯定観がここにある。それが戦死者の帰還を後代まで明るい出来事――孫たちに大受けするほど愉快な話――としてくり返し伝える家族の態度になった。枕辺での祖母の語り、同じ話を幾度もせがむ孫たちの光景のなかに、歴史は先祖から次代へ託される「贈り物」であり、語り語られることを通して伝わる肯定の感情こそ、伝統へとひとびとを向かわせる貴重な契機となる事情が仄《ほの》見える。過去に誇らしい一族の体験を持つかどうかは、健全な故郷観にとって不可欠であろう。中原家にはそれがあった。だから中也は、生の躍動《エラン・ヴィタール》と日記や書簡に記し、放埓《ほうらつ》の生を送るとともに、故郷を包容的なものとみなし、〈さやかに風も吹いてゐる〉〈好い天気〉のところとして心奥にたえずかき抱いていたのである（詩「帰郷」）。

四侯会議の崩壊

西郷南洲に戻ろう。尊土長州と同盟を結んだものの、現実主義の薩摩は、倒幕勢力とすぐさま一体化したわけではなかった。薩長同盟は、第二次幕長戦争が起きたとき長州側に立って参戦する、という意味での攻守同盟ではない。戦争が起きたら薩摩は中立を守り、戦後は長州の名誉回復を斡旋するというのが条項の柱であった。薩長同盟締結イコール倒幕参加ではないのである。薩摩の藩論は依然として雄藩連合の構想が主であり、西郷もその推進役を担っている。その一方で長州との連携も模索していた、というのが、慶應三年（すなわち維新の前年）四月段階、薩摩および西郷の態度であった。

倒幕・王政復古は慶應年間に入り、ゆるやかに西郷の考えを占めるようにはなってきていた。それでもまだ半身で受け入れていたにすぎない。西郷はエキセントリズムとは無縁の、深慮のひとである。改革への志は充分あっても、「革命」への飛躍はかれのなかに、なかなか訪れない。倒幕・王政復古は元来、かれの一貫した発想ではなかった。薩長同盟成立後も、旧体制勢力を一部参加させた雄藩連合の成立のほうに、むしろ南洲は賭けていた。それによる強力な国家指導部の成立をめざしていた。

ところが、雄藩連合を具体化させせんとした四侯会議は、蓋《ふた》を開けてみれば、みじめな混迷を露呈させるだけであった。藩同士のまとまりがまるでつかない。幕府（徳川慶喜）に好意的なグループ（土佐藩・越前藩）と、幕府を差し置き実力藩主体で国を動かしていこうとするグループ（薩摩藩・宇和島藩）が、意見合致への努力をしないどころか、論争をくり返すだけであった。四侯会議はたちまち空中分解する。西郷の落胆は大きかった。四侯会議崩壊の経緯《いきさつ》を経て、ついに西郷は倒幕へと舵を切る。西郷は改幕への模索を続けた果てに、倒幕という歴史の大舞台へ遅れて参加したのである。勿論、遅れてきたから微温的なのではない。むしろ逆であった。

倒幕への武力行使

西郷の白星三つ目は鳥羽伏見戦の勝利である。このたたかいは実際、大博打《ばくち》に近かった。項《うなじ》の硬い武力倒幕派長州の軍事担当者・大村益次郎でさえ開戦に戸惑いがあった。博打性をよくわかっていたからだし、徳川慶喜が大政奉還したのだからしばらく様子をみようと、剣をふるうことをためらっていた。それが鳥羽伏見戦前夜だった。当初、薩長だけの味方軍勢は数の点で幕府軍にはるか劣ってもいる。しかし、このとき南洲だけは躊躇《ちゆうちよ》しなかった。火付け強盗を指示する悪党的手法を駆使してまで幕府側を挑発し、断然、武力行使に踏み切ったのである。

これが勝負の機だとわかっていたからだ。

機というのは博打性をどうしても含む。あとはためらうか進むかしかない。西郷は前進した。

三百年続いた幕藩体制に歯向かう軍事力行使を、思慮ぶかく穏健派だった者のほうが、過激派をはるかに凌いで断然実施した。倒幕戦争の発火は武職者南洲が主導し、かれのためらいなき行動によって大きく燃え上がった。これが江戸開城、北越東北戦争へと一続きとなって倒幕維新を現出させた歴史の事実は、改めて指摘するまでもない。決定的な場面で南洲の判断力は冴え渡っていた。逡巡《ブレ》などありようがなかった。

「天」と向き合っているという確からしい感覚と、そこから生じた無類の落ち着き。陽明学に学び、異常なまでの自己省察を課して成立した無私の清浄。不運を淡々と引き受けんとする宿命受容の精神。人性観の底を流れる無常の思い。そして、公共への揺るぎない奉仕の念。これらに面してひとびとは信に足るものを感得した。ゆえにひとびとは、〈一人一党的な〉奔放を卒業して、〈死地の兵〉としてかれの指揮に従おうとしたのである。

四つ目の白星はその一続きの倒幕戦争、すなわち戊辰《ぼしん》戦争全体への役割である。東上軍の最高指揮官として江戸を無血開城させた手腕が、まずあげられる。南洲は交渉にやってきた責任者・勝海舟に対し、実に鷹揚であった。薩摩屋敷に参じた勝が語る『氷川清話』（江藤淳、松浦玲編）の場面は、何度読んでも印象深い。

〈西郷は庭の方から、古洋服に薩摩風の引つ切り下駄をはいて、例の熊次郎といふ忠僕を従へ、平気な顔で出て来て、これは実に遅刻しまして失礼、と挨拶しながら座敷に通つた。その様子は、少しも一大事を前に控へたものとは思はれなかつた。〉

百戦錬磨の勝海舟にしても、この談判は〈実に骨だ〉と覚悟していた。相手は勝ち進んできた軍勢の代表である。強引な要求は充分あり得た。しかし西郷は実にあっけらかんとしていた。

〈いよいよ談判になると、西郷は、おれのいふ事を一々信用してくれ、その間一点の疑念も挟まなかつた。「いろいろむつかしい議論もありませうが、私が一身にかけて御引受けします」西郷のこの一言で、江戸百万の生霊《せいれい》も、その生命と財産とを保つことが出来、また徳川氏もその滅亡を免れたのだ。〉

急場中の急場で、西郷は穏やかだった。ありきたりの軍代表なら、敗者・勝海舟の言い分に、「それは自家撞着《どうちやく》だ」「兇徒《きようと》が集合しているだろう。なにが恭順だ」と反論して、占領軍の要求を通そうとしたであろう。史上、東西どこの戦争、革命でも首都攻略戦があれば、おおむね交渉はそうなったのである。西郷だけは違った。圧倒的な武力を背景にしているのに、「細かいことはいいのだ。あとは任せてくれ」であった。この一瞬に〈百万の生霊〉は次の世に生を繋げることができた。どう考えてもこれは偉大なことである。こうした戦争終息はいらぬ復讐心を国民に生じさせず、一致団結して明治国家を創るのに間違いなく役立った。相当に高度な政治判断だったはずだが、さらりとやってのけた西郷南洲には、巨人ということばが疑いなく当てはまる。

東北戦争でも南洲の役割は似たところにあった。東北庄内攻めで寛大な敗戦処理をしたことはよく知られている。西郷率いる軍勢に蹴散らされた庄内藩は、それでも南洲を憎まなかった。それどころかいつまでも慕った。南洲神社は庄内酒田にもあることは第二章で紹介してもいるし、有名な「南洲遺訓《いくん》」は同郷薩摩人ではなく異郷庄内人による聞き取りだったことを忘れてはいけない。武力を用いるとき靭《つよ》かった南洲は、和議のとき、きわめて寛大な人間となった。南洲は抵抗勢力の屍を東北の山野に積まなかった。革命が必要以上の血で塗られていなかったというのは、明治維新を見る日本人の眼を、かなりのところ穏やかにしている。これは日本人にとって相当な贈り物である。陰惨な殺戮事件が少なく、勝者の寛容をもって成立した変革体験、報復の感情をさほど招き寄せないですむ明るい転換の一季を過去に持つというのは、民族の統一感情と自信の醸成にとって欠かせない。それがあってはじめて、ひとびとは、帰っていくところ・故郷として「日本」を温かく抱くことができる。戊辰戦争のたたかいと戦後処理は、まさに後代の日本人への、南洲の贈り物であった。

西郷の「癖」

すでに四つを数えたが、大きなところを指摘しただけである。維新者西郷隆盛の生涯には、歴史を変えたいくつもの白星が永遠の光を放っている。とはいえ目を別に転じれば、かれの生涯には蹉跌《さてつ》の黒星もまた、はっきり配されているのである。それはほとんどが理想の敗北といってよかった。ゆえにかれの黒星は、いたたまれない、悲痛の刻印である。

青少年期の不運不幸――派閥抗争での父親の挫折、両親の相次ぐ死やそれによる貧困――は、幕末期の青春としてそう珍しくはない。大久保利通にしてもそうであった。ゆえに措《お》くとしても、安政の大獄と藩主斉彬《なりあきら》の急逝による逆風下、僧月照との入水《じゆすい》自殺事件にまで追い詰められた一事がまず指折れる。二つ目としては、奄美大島遠島処分から許され現場復帰した直後、仲間も含んだ批判勢力の讒言《ざんげん》によって再度遠島となった一事が挙げられよう。三つ目は有名な征韓論政変での敗北が指折《しせき》される。四つ目として西南戦争での最期、城山《しろやま》での自裁を挙げねばならない。大きなものだけでこれだけ数えられる。このうち一つ目の黒星は本書第四章で触れ、二つ目は第六章、四つ目は第一章で採りあげた。

本章ではこれから、第三の黒星を俎上に載せる。

征韓論政変（明治六年の政変）は明治政権の岐路を決した出来事といわれ、歴史教科書でも特筆される。政争に敗れ下野した者はのちに士族叛乱を起こし、あるいは自由民権運動の闘士となって、野党の大運動家に変じた。一方、与党の中心座には大久保利通が座ることになった。大久保が指揮して基礎工事をおこない、その上部に堅牢な建築を付したのは西欧「文明」に学んだ政策官僚たちであった。かれらが欧米に倣《なら》った国づくりを敢行し、日本は「近代国家」へと直行の歩を進めた。そこにはもう「西郷」はいないのである。

そうなる過程へ筆を伸ばしていきたいが、その前に、征韓論政変でみせた西郷の謎めいた言動を解く鍵として、西郷の「癖」について触れておかねばならない。西郷には「癖」があり、とりわけ明治期の西郷に強くあらわれた。徳富猪《い》一郎《いちろう》（蘇峰）の文章を引いてみよう（『西郷南洲先生』）。

〈一体人は良い癖と悪い癖とあるもので、西郷翁のそれは何かと云へば、名利に淡泊であると同時に、高踏勇退と云ふ気分が頗《すこぶ》る濃厚である。丁度支那《ちょうどしな》で云へば、張子房とか、魯仲連とか云ふやうな風で、自分が仕事をして仕舞《しま》へば、勘定書も何もせずに、ズツと行つて仕舞ふ。喰《く》ひ逃げぢやないです。同じ行くにも喰逃げと云ふ奴は、人に厄介《やっかい》をかけて逃げる奴で、西郷翁の方は仕事をして置いて、挨拶も何もせず、お茶の一杯も飲まず、礼の一つも言はれずに、賃銀も取らずに、黙つて行つて仕舞ふ。〉

労苦の事業を成して、何も受け取らず、〈お茶の一杯〉も飲もうとせずに、さっさと去っていく。それがかれの「癖」であった。不思議な辞去癖である。中途で投げ出すのではない。最後まで立派にやり遂げたあと、勝ち名乗りもあげず、正当な報酬も求めず、いつの間にかいなくなる。一陣の風のように。

逆の人間はいくらでもいる。多少成功裏に仕事をすれば、褒章を出せ、報酬はこんな安くないはずだと出しゃばる人間は、いつの世もあとを絶たない。明治にしてもそうであった。俺があのとき動いたから、新しい世ができたのではないか、もっと大事に扱え――そう周囲に因縁を付けて廻る人間はざらにいたのである。たとえば南洲の「上司」だった薩摩の国父、狷介者《かたいじもの》・島津久光《ひさみつ》は、旧薩摩藩士で明治政府の要職に就いた者に対して、常々、〈苟《いやしく》も然《しか》らば当初余が三州（薩摩・大隅・日向）を犠牲とし、一身を顧みず、断じて天下に殉《したが》えたるを忘失《ぼうしつ》せしか〉と言い放っていた（渡辺盛衛の伝える久光談話）。自分が天下のため決断的にふるまったから維新が成せたのだ。それなのに、新時代に出世した旧藩士どもは、〈余を疎外に附するの気色ありし〉（自分を疎外している）。そう考えて久光は不満を昂じさせていた。〈一人として大政の形情を報知する者すらこれなし〉（誰も報告に来やしない）と拗《す》ねきっていたのである。これなどは高踏勇退の逆で、何杯でもお茶を出せ、勘定書は沢山書いてやる、礼は何度も言うがよい、といった態度であろう。浅ましいなあと呆れるしかないが、維新期、この種の人間がひがみきった不平家となって蠢いていたのである。幾ら勘定が欲しいのだ、この小人め！

一方、西郷のほうは、実にあっさりしたものであった。気づいたら居なくなっていたというう去り方だったし、愚痴めいたものにも無縁である。久光が放ったひがみもないし、世をねじくれた気持ちで見ていたのでもない。いつ辞めてもいいと思っていたし、権力を得たというより義務で責任者をやっていたという面が強かったから、廟堂《びょうどう》に立てる大仕事をしても、「もういいだろう」と、それこそ〈お茶の一杯も飲まず〉に退《ひ》いてしまう。

位記返上

例を示そう。維新成就の大仕事を果たしたのち、西郷はさっそく「高踏勇退の癖」を出している。明治元年（一八六八）、官軍を率いて東北平定の軍功をあげると、十一月に鹿児島に凱旋、西郷はそのまま湯治の人となった。翌明治二年一月、政府から出仕《しゅつし》を促される。しかしかれはこれを断った。政府にしてみれば、〈お茶の一杯も飲まず〉、〈賃銀も取らず〉、〈黙つて行つて仕舞〉った西郷に、ある種の後ろめたい気持ちさえ抱くことになった。

明治二年五月、西郷は箱館戦争の応援のため薩摩軍を率いて出征する。しかし、箱館に着いたときすでにたたかいは終わっており、六月二日、首都に近い浦賀まで戻ってきた。この機をとらえ、太政官から賞典禄永世二千石が西郷に下賜される。さらに政府は、浦賀の西郷に対して残留の命令を下すが、かれはこれを無視して出帆、帰国の途についてしまう。「高踏勇退の癖」がまた出たのである。

続いて九月二十六日、西郷は正三位に叙せられる。王政復古と戊辰戦争の功に対して、最大級の栄誉が与えられることになった。しかし叙されるやいなや、西郷は辞退を再三申し入れる。

桂四郎宛明治二年十二月二十九日の書簡で西郷は、島津久光・忠義父子の位記返上を意見したと記しているが、その理由を述べたなかに、西郷の「位記返上の論理」が二点示されており興味を引かれる。亡くなった斉彬が位記を追贈され、併せて後代の藩主父子も位記を叙された事情を背景に、西郷はこういう。もし現藩主父子が位記を受ければ、〈御赤心《せきしん》は消絶《しょうぜつ》候のみならず、却《かえ》って望《のぞみ》を厚く掛けさせられ候場合と相成《あいな》り〉（亡き人への遺贈を働きかけた真心が台無しになるばかりか、欲張った望みを抱いているように見える）というのが第一点。逝きし人に位記が贈られるように努めるのは、生きている世代の〈美意〉であり〈美志〉であるが、それに乗じて現世の人間が褒章を得るのは「美しくない」のである。価値の問題であり、美醜の問題であった。美しくないことはすべきではない、というのが西郷の根拠であった。

また西郷は同書簡で、藩主父子が位記を辞退すれば、兵隊は〈一涯相励《ひときわあいはげ》む〉と書いている。戦争につぐ戦争で労苦を掛け、戦場では死地のなかで精励していた「兵」たちの気持ちを考えてくれ、という主張であった。実際、当時まだ首都にあって、官吏の驕奢《きょうしゃ》を監視している「兵」もいた。トップが栄典に包まれたとかれらの耳に達すれば、釈然としない思いが広がるだろう。身を正しくし、清廉にふるまうことが、上に立つ者の、「兵」に対するせめてもの誠意である。これが西郷の「位記返上の論理」第二点であった。当然、西郷自身も再三にわたって位記返上を上申する。

翌明治三年三月二十三日、大久保利通宛書簡で西郷は、位記についてより真情に近いものを吐露している。〈堂上方抔《など》は位階と申すものは、余程尊き事と思召《おぼしめ》さるべく候得共《そうらえども》〉（位階は公卿方にとってみれば、余程尊いものに思うのであろうが）、〈此《こ》の田舎者何のやくにも相立たざるものを、強いて御許容のなきも片腹痛き次第に御座候〉（自分のような田舎者には何の役にも立ちはせぬ。その位記を返上許さぬとは片腹痛い）とまで書いて、西郷は、位記を有り難がる人間を皮肉り、「俺はいらない」と断じている。王政復古の時代である。位記は誰もが〈余程尊き事〉と思い、心中望んでいたのだろうが、西郷南洲は「莫迦莫迦《ばかばか》しい」とばかりに辞退した。南洲の真骨頂ではないか。位記返上が許されたのは明治三年五月二日。西郷はさぞや晴れ晴れした心映えとなったであろう。

勿論西郷にしても、久光とは天地幅に異なるけれども、別の意味で現状不満家であった。そして高踏的の、ある意味の困り者である。雲の高さまで倫理観の高度をあげて地上を見れば、我良しの者どもが、あくせく必死に動き回っているとしか見えない。西郷はその地点から俗物を批判し、忌み嫌い、そして相手を攻撃するのではなく、「莫迦莫迦しい」と自ら席を立ってしまうのである。

こうした西郷のすがたに対して、地上に這いつくばるリアリストの観点からは、難じたくもなるだろう。野にあり批判派であるときなら志操高くありえても、与党内に入り権限が転がり込んできたとき、小人を去ることができる人間などいるのだろうか。小人を捌《さば》くことこそ政治であろう。聖人を待ち望めばいいというのは、教育か書物の世界だけだ。そう西郷に問い返すこともできよう。

しかしそんな反論でたじろぐほど、西郷の清廉の病《やまい》（あえて病と書く）は惰弱なものではなかったのである。新政権といっても、結局は勝った者どもの「私心」が放満《ほうみつ》した世界ではないか。美しくないものは美しくない、それだけだ。こう断じる西郷は、まさに病膏肓《やまいこうこう》に入っていた。第一、与党になればいろいろある、というのはリアリストの自他弁護にすぎない。堕落の合理化もいい加減にするがよい。志操高ければそれをどの場でも貫くというのが納得的な人間像のはずだ。そう西郷は考えていたはずである。

西郷は「変わらない」人間だった。〈南洲翁は誰が教へたともなく無欲である。是《これ》が実に南洲翁をして大《だい》を成さしめた所の大なる理由であらうと思ふ。只《た》だ此の一点が、維新の群雄に傑出してゐる所以《ゆえん》である〉と徳富猪一郎も述べるように（前掲書）。貧者の身にあろうと廟堂に立つ者になろうと、政治的敗残者になろうと第一等の功臣と評価される時代にあろうと、西郷の無私の態度は変わらなかった。この「変わらなかった」ことは、維新の群雄にしても、誰一人として南洲レベルには実現できなかったのである。功を成した多くが、与党化するやいなや財を蓄え美妾を囲い、閥をつくりポストを押さえようとした。南洲だけが治者側になったときも、自他の堕落に寛容になってはいけない、という態度をほんとうに貫いた。

「隆盛」をはじめて用いる

重要な一事がある。明治二年十二月二十五日、島津忠義（藩主）の名で位記返上願いの案文を西郷は書いているが、このなかでかれは、父の名だった「隆盛」をはじめて用いた。西郷はそれまで隆永《たかなが》を正式名とし、通称は吉之介、吉兵衛、吉之助、武村《たけむら》の吉《きち》など多数を用いてきた。変名も菊池源吾などいくつかある。幕末維新期に活躍する西郷は「吉之助」が大方に馴染《なじ》む名前だった。「隆盛」は維新者西郷の生涯折り返し点を過ぎた頃に、ようやく用いられた。そして、「維新の功臣」として与えられた位記の、辞退に関わる局面で初めて用いられた名前であった。西郷隆盛は明治政府に違和を持ち、征韓論政争で敗れ、ついには政府に叛逆し西南戦争で滅んでいく期間、かれの正式名だった。このことは「西郷隆盛」にとって、象徴的な意味合いすら宿している。そして本章が扱うのはまさに、「隆盛」時代の西郷のすがたなのである。「維新の功臣」といわれ、廟堂の椅子に座る己《おのれ》について、西郷自身はどう解釈していたのか。答えの一端として、なにより、かれの漢詩をみてみたい。

　去来朝野似貪名　竄謫余生不欲栄　小量応為荘子笑　犠牛繋杙待晨烹

（朝野《ちょうや》に去来《きょらい》するは名を貪《むさぼ》るに似たり、竄謫《ざんたく》の余生《よせい》栄《えい》を欲せず。小量応《しょうりょうまさ》に荘子《そうし》の笑《わらい》と為《な》るべし、犠牛杙《ぎぎゅうよく》に繋《つな》がれて晨烹《しんぽう》を待つ。）

「朝廷と在野を行き来するのは名を貪ることで、流罪追放後の余生にある自分に栄誉はいらない。つまらぬ量見は荘子の笑いとなるであろう、（仕官などというものは）杙《くい》に繋がれた犠牲の牛が朝の料理を待つに等しい所業だと。」

朝廷（政府）に招かれて大臣になる者など、祭の犠牲の牛であるが如き存在だと、荘子なら嗤《わら》うだろう。たらふく美食を与えられ、やがて煮殺されてしまう。虚しい華美と俗悪な卑屈に満ちた世界で、窮屈な毎日を送ることになるはずだ、出仕などやめておけ。その囁きは、実のところ荘子の声ではない。西郷自身の内奥が呻きのように発する声なのであった。廟堂に立てば、自分は杙に繋がれ喰われるのを待つ犠牲の牛になるしかない——西郷はそう考えていた。

この漢詩は明治四年ころの作だと考証されている。かれがまさに「廟堂」に加わる年であった。

その明治四年（一八七一）六月、大久保利通らの度重なる強説得《こわ》に西郷はついに折れ、参議就任を受諾した。受けたのは確かだが、釈然としない思いが西郷の心奥に黒い水を流し込んでいた。俺はいよいよ犠牲の牛か。怒りというより悲哀のような心性である。しかしかれは、艱《かん》難《なん》をともにした仲間からの要請を無下にはできなかった。義理を重んじたのだ。「莫迦莫迦しい」との内奥の声に抗して、西郷はようやく腰を上げた。辞令は六月二十五日、「平隆盛」名で受けている。「平《たいら》」は源平の「平」で、武門の長という含意になる。そしてここでも「隆盛」が使われている。かれはまたこのとき、辞退し受理されていた正三位に改めて叙された。参議職は充分な位階を伴うことが前提だったのだ。

参議西郷はたちまち重鎮になった。維新の活躍をもってすれば、またかれの号令で動き出す武力勢の巨《おお》きさを考えれば、当然の位置であろう。岩倉具視《ともみ》以下政府要人の多くが欧米視察行に出掛けたあとの留守政府で、かれは政治の中心となった。犠牲の牛になることに抵抗感があった西郷は、まもなく最高位の廟堂人となったのである。

〈巨大な虚像〉

明治六年五月十日、西郷隆盛は陸軍大将兼参議となる。近代日本陸海軍の大将第一号であった。いうまでもなく大将は最高位の軍階級だが、以下、草創期の日本国軍が採《と》った階級制度についで触れておこう。

明治二年、兵部省が設立されたが、このとき大将、中将、少将三つの官位が定められ、四年七月にはさらに、大将の上に大元帥、元帥の位を定めた。大元帥というのは天皇・皇族が想定されていたので、このとき元帥が軍人最高位となった。すでに参議となり、国政最高指導部の一員だった西郷が陸軍元帥を兼任するのは明治五年七月二十日。このとき大元帥、大将は空席、中将は陸軍で山縣有朋《やまがたありとも》が任ぜられていたが、海軍中将は空席である（『歴代陸軍大将全覧』）。当時、軍人として西郷隆盛の存在がいかに大きかったかがよくわかる。大元帥、元帥の位はその後十か月で廃され（明治建国時、諸官制はめまぐるしく変わったのである）、大将が最高位に戻るが、当然ながらその位についたのは西郷隆盛で、就任時ただ一人の大将であった。

西郷のこの地位は、維新成立の軍事力を統《す》べた活躍から、当然のものとされた。維新成立ののち西郷に下賜された賞典禄は既述のとおり二千石であり、同じ軍人の大村益次郎（千五百石）、板垣退助（千石）を凌ぐばかりか大久保利通、木戸孝允《たかよし》の千八百石も上回る石高《こくだか》であった。山縣有朋は六百石に過ぎない。皇族や公家、藩主クラスの禄高を別とすれば最高石高であり、大将位は西郷にこそふさわしかったのである。

明治政権の最重要の参議となり、事実上、「西郷政権」時代をもたらしたのは明治四年十一月からである。岩倉具視や大久保利通、木戸孝允らが遣欧使節となり長期不在中の一季であった。明治六年九月十三日に岩倉が帰国し「西郷政権」は終わるが、その間わずか一年十か月となる。岩倉帰国の翌月十月に征韓論政変が起こり、敗れた西郷は二十三日、中央政府を去る。

征韓論政変は西郷星取表の黒星だとしても、「西郷政権」時代はどうなのか。明治政府を中心となって運営した西郷には、なんらかの星を付けねばなるまい。しかし筆者には、「西郷政権」時代の西郷には、黒星は無用だが、白星にしても付け難く思われる。「西郷政権」が近代化の重要施策を実施し、明治の世を前へ前へと歩ませたのは歴史の事実だが、中心にあった西郷はどこか空洞のような存在にしか見えないからだ。その施策も西郷の本意とやる気を反映していたわけではない。あえていえば、「反対しなかった」のが、かれのやったことのすべてであった。禁門戦争から戊辰戦争までの西郷――第一次幕長戦争を現場レベルで終息させ、倒幕と雄藩連合のせめぎ合いを巧みに捌いた西郷、江戸無血開城を果たした視野広い西郷、東北庄内攻めで見せた慈悲深い西郷――あのとき確かに居た有能な指導者はもういない。歴史を見据えた落ち着きと、ある種の不良性まで宿した闊達な実践者は、「西郷政権」下の西郷にはもはや求められない。そこにあったのは、司馬遼太郎のことばを使うならば、〈とほうもなく巨大な虚像〉であった（「南方古俗と西郷の乱」）。「西郷政権」の首座には、時代を主導する意気を減じた〈虚像〉がいるのみであった。

反撥のネットワーク

ただ西郷らしいというべき印象ぶかい肖像も、そこにはあった。参議となって政府入りした西郷は、五百円の俸給があっても生活は十五円で足りるとして馬車にも乗らなかった。陸軍大将位にありながら、〈西郷の外見は、ごく普通の兵士と変わらなかった〉のである（『代表的日本人』鈴木範久訳）。東京では〈みすぼらしい建物〉というしかない住処《すみか》で過ごし、一か月の家賃は三円だった（同）。維新の義戦で死んだ兵が大勢おり、ひとびとの暮らしはまだ貧しいものであったとき、政府首脳として、身を誡《いまし》め華美を遠ざけるのは西郷にとって当然であった。

維新は俺が成したとばかりに威張るのは、西郷が最も嫌悪するところだった。〈道に志す者は、偉業を貴ばぬもの也〉〈人の意表に出て一時の快適を好むは、未熟の事なり、戒《いまし》む可《べ》し〉（「南洲遺訓」）。これが西郷南洲なのである。

とはいえ、こうした態度を見せたのは西郷だけだった。参議大隈重信は白馬に乗り、元旗本の大邸宅から太政官に通った。家には四、五十人の食客《しょっかく》を抱え、「築地梁山泊」といわれるほど派手な暮らしを見せた。ほかの政府首脳も似たようなものである。西郷はそうした者どもを軽蔑した。代表格の大隈や井上馨を「俗吏」と蔑《さげす》んでもいた（松本健一『開国・維新』）。当然、蔑まれたほうは、所詮〈虚像〉にすぎぬ西郷を煙たがる。清廉を求める西郷に、反撥の意識無意識のネットワークができるのは、充分にあり得る話だった。それは征韓論を大きなトピックとする明治六年政変で、結果として西郷を政権からはじき出した動きに、どこかで繋がったのではないか。

維新の功業をみれば西郷南洲はまぎれもなく群雄中の巨星である。しかしかれは英雄らしからぬ英雄だった。いうなれば「奇妙な英雄」である。徳富蘇峰は南洲について、通常の英雄とは人間性が異なっていたことを指摘する（前掲書）。

〈英雄と云ふものは、兎《と》に角磊落《かくらいらく》、粗豪《そごう》と云ふことで、借りた金も返さない。昨日言つたことと今日言つたことと違ふ。約束は違《たが》へる。所謂《いわゆ》る大行《たいぎよう》は細謹《さいきん》を顧《かえり》みずで、兎に角さう云ふことが英雄の資格のやうになつてゐるやうに考へますが、〉

と英雄たる者のよくあるすがたを述べたあとで、西郷はまったく違うと指摘する。

〈我が南洲と云ふ人は、如何にも緻密な人である。実に精細《せいさい》な人で、誠に小さい所までも気のつく人である。唯《ただ》あの大きな身体《からだ》をコセコセしない。気がつくけれどもが、ついたやうな風をしない、唯だ心の中でついてゐるだけである。〉

この見方は蘇峰だけではない。角度が違ってはいるが、〈豪傑肌であるけれども、度量が大きいとは云へない〉（重野安繹「西郷南洲逸話」）との否定的な西郷評も、かれの美点を逆見して欠点とすることで成り立っている。すなわち同根である。西郷の〈権柄《けんぺい》を振るうのをひどく憎む性質〉（同）は例外をつくらなかった。それはともすれば権柄と結びつきやすい英雄像を、むしろ嫌悪する志向を西郷にもたらした。

さらにまた、西郷の権柄を憎む姿勢は、権柄を求め、権柄のなかで安逸としていたかった者どもにとって、苦々しいもの、口惜しさの対象となりやすい。これは「西郷おろし」の濁り水をひたひたと押し寄せる要因となった。策謀と無縁の西郷は、「私心」のおぞましさに破れたのである。破裂したのは征韓論だけではない。「天」に従わんとする西郷隆盛という「思想」が破裂させられた。そして西郷は席を立ち、明治政府と訣別するのである。

征韓への態度

征韓論と西郷というテーマではすでに汗牛充棟《かんぎゅうじゅうとう》ただならぬほどの論文が発表されており、明治六年の政変時、西郷の真意が奈辺《なへん》にあったかは、長らく史学界の論争になってきた。西郷は「征韓」志向の人物だと見る当初からの説と、これに反論し、非武装交渉を専《もっぱ》らとした「平和」志向の人物と見る毛利敏彦らの説が対峙《たいじ》する構図だが、どちらであったかは西郷評価の根幹に関わる。たとえば、昭和期戦時日本は大陸経営政策にさいして、東亜への拡張を先覚的に唱え実行せんとした西郷像を設定し、西郷を「英雄」視した。この事例への問いかけも、征韓論政変時の西郷の真意如何《いかん》によって評価は真逆になるだろう。

征韓論政争のときの西郷隆盛は、机に拳《こぶし》を突いて激しく迫る場面はあっても、政治的経綸《けいりん》という意味では、つかみどころなく、空虚なところがあったように筆者には見える。「白星を重ねた」時代の西郷とは大きな違いがある。空虚だった者に対して、明確であったという前提で論議する無理が、征韓論時の西郷評価のどこかにあるのではないか。それをふまえ、筆者の見方を端的に示そう。

やや強引にまとめれば、征韓説的態度、交渉説的態度がやや無原則に綯《な》い交《ま》ぜになって、局面ごとにある部分が強調されたり軽減されたりしたのが当時の西郷だったのではないか。これに加えて、朝鮮への使節派遣を強く主張する背景に、かれの心底に垂れこめた死に処《どころ》へのこだわりを指摘せねばならない。当時の西郷は、自分が使節として派遣されることで殺される展開にこだわっていた。

征韓論政争での敗北は西郷の黒星であるのは確かだが、敗者像がどこか曖昧《あいまい》なのは、現実政治に対するかれの虚無的ともいえる態度に求められる。西郷の怒りも論難もどこか本気ではなく、投げやりなところさえ思わせる。新しい世に対する、人間の営みに対する根本的な失望によって、かれは心棒を抜かれ、いわば積極性を亡失させたかの観があった。いうなれば、かれは「廃墟」にぼんやり立つ人間となっていたのだ。それは第一章で指摘した「死に癖」と繋がっているし、本章で前記した「高踏勇退の癖」とも関連が深い。

明治六年の征韓論政変に敗れた西郷は、朝鮮使節派遣派の同志・板垣退助からの誘いを絶ち、ひとり野に下った。辞表を出したのは使節派遣中止が決まった十月二十三日である。参議、近衛都督とともに陸軍大将も辞すとした。西郷はすべてを捨て、一介の野人に還るつもりだった。同時に位記返上も申し出ている。二十四日、これらのうち参議と近衛都督は受理されたが、陸軍大将と正三位の位記は受理されなかった。西郷隆盛は将軍として野に下ったのである。西南戦争を起こしたことで、明治十年二月二十五日、陸軍大将位を褫奪《ちだつ》されるまで、かれは公的に「陸軍大将・西郷隆盛」であり続けた。

明治六年十月に政府を去った西郷は、将軍のままであった。かれは辞表を出した二十三日のうちに日本橋小網町の自宅を出た。従者小牧新次郎、家僕の熊吉を伴い、向かう先は米問屋越後屋の別荘である。越後屋は庄内藩御用達で、別荘は本所小梅村（現在の墨田区向島）にあった。釣りをしに行くと言って出た、とは司馬遼太郎『翔ぶが如く』の描写である。しかし、越後屋別荘に悠然と尻を据えるわけにもいかない。第一、西郷には、東京に留《とど》まる理由などどこにもなかった。一刻も早く故郷に戻るべく横浜へ向かい、二十八日にはもう出航している。鹿児島に着いたのは十一月十日であった。このとき、篠原国幹《くにもと》、桐野利秋《としあき》ら鹿児島出身の軍人の多くが西郷と行動をともにし、辞職帰郷している。

山里に生きる

いまいましい廟堂から去り、ついに故郷に帰ってきた。次の漢詩は、鹿児島に落ち着いた頃の作で、当時の心境がよくあらわされている。

官途艱険幾年労　恰似軽舟風怒号　昨日非於鋤下覚　半生齢可巻中逃
山遊無累真狸兎　猟隠有営唯銃獒　誰識満襟清賞足　峰頭閑月万尋高

（官途《かんと》艱険《かんけん》幾年《いくねん》か労す、恰《あたか》も軽舟《けいしゅう》風の怒号《どごう》するに似たり。昨日《さくじつ》の非は鋤下《じょか》に於《お》いて覚《さと》り、半生《はんせい》の齢《よわい》巻中《かんちゅう》に逃る可《べ》し。山遊《さんゆう》に累《るい》無し真《しん》に狸兎《りと》、猟隠《りょういん》営《いとなみ》有り唯銃獒《ただじゅうごう》。誰《だれ》か識《し》らん満襟清賞《まんきんせいしょう》足り、峰頭《ほうとう》の閑月《かんげつ》万尋《ばんじん》の高きを。）

［幾年か政権にあったときは艱苦の連続で、風波の怒号するなかを軽舟で行くが如きであった。鋤《すき》を取って耕す者となったとき、かつての日々がいかに非に満ちていたかを覚った。残りの半生は現実政治を避け書物に逃れるとしよう。そして山に遊べば累《わざわい》はなく、狸や兎のよ

うに暢気《のんき》でいられる。ただ銃を持ち犬を従えて猟に親しむばかりだ。胸いっぱいのすがすがしい気持ちを誰が知るだろうか。峰の上には月が万丈の高さに掛かっている。」

新しい世は、義戦に死んだ者の魂の総量に見合う、清明な世界とはいえない。それだけは西郷の確信となっていた。ゆえにかれは断然、廟堂を去ったのである。最初から居心地の悪い場所だったが、堪忍袋の緒が切れた。朝鮮使節となり異国で殺されることさえ望んだ西郷は、つまりのところ、廟堂を辞去する大義名分をいつも探し続けていたのだ。そして征韓論は弾け散り、そのときは来た。大荒れの海を軽舟となって彷徨《さまよ》っていたかれは、辞去する正当な理由を得たのである。

故郷に帰った西郷は、土を耕し読書に耽《ふけ》る。猟をおこない山野跋渉《ばっしょう》する。その孤独な日々にあって、ようやく心が落ち着いてくる。人塵《ひとちり》で空気すら悪くなった俗物たちの都を離れ、肌を切られるような弊風《へいふう》の痛みから逃れたかれは、生来の人嫌いとメランコリックな心性をもとに、山里への暮らしに後退沈潜する。自然に包まれることだけが、艱苦に労したかれを癒してくれるのだった。

次第に落ち着いてきた西郷は、他を恨むというより、自省した。そちらへ向かうのがかれの良き人間性である。聡明な西郷は、自身の心神喪失の患いは根が深いのを識っていた。そのなかにあって、王陽明のいう、〈人々があいともにその生活を安んじつつ、自私自利の病弊を棄て去り、人を妬《ねた》み人に勝つことしか思わぬ悪習を一掃するようにしむけ、そしてそこに大同が実現したならば、わたしの狂病などは、きれいさっぱりと癒《なお》ってしまう〉う、この境地を求めた。心神喪失の患いから解放され、〈なんと欣快なこと〉か、と膝を打てるときを求めた（『伝習録』、溝口雄三訳）。

答えのひとつが帰農であった。さらに、教育者西郷は若者の教導を農に求めた。それらは吉野開墾社の活動に結びつく。

帰郷後の西郷は、鹿児島で私学校をつくり旧武士や子弟の教育に意を尽くしたことはよく知られている。それに比べれば西郷帰農の一事は寡聞《かぶん》に属する。私学校の活動に関連して、西郷は原野開拓事業である吉野開墾社の立ち上げに深く関わった。そして、自ら種を蒔《ま》き、耕した。維新回天の大業を成し遂げる主演者となり、中央政府で短いながら「西郷政権」時代を築いた巨人が、土に生きる。政争に敗れ去った将軍は無常のなかにあったが、それでもいま暫《しばら》く生きていく道を探して、耕作者へと生を着地させせんとするのだった。

農への着地

北支派遣曙第一四五六部隊の兵・保田與重郎が、故郷の奈良桜井に還ったのは昭和二十一年

（一九四六）五月六日である。出征したのが前年三月。河北省石家荘に着くとまもなく軍病院への入院となり、敗戦（八月十五日）はそこで迎えた。復員にやや日数を要したのは十月まで退院できなかったこともある。

旧制大阪高校の級友・肥下《ひげ》恒夫《つねお》の復員は、昭和二十年十月と保田より早い。歩兵第四二九聯隊の兵として朝鮮半島南西部の茂長《ムジャン》で敗戦を迎えた地理的要因が大きかった。保田にとって『コギト』編集発行人の肥下は、級友以上に、かけがえのない文学の同志だった。自死した肥下を追想したのちの文章で、保田は、〈肥下恒夫がゐたから、コギトも世に出たのである。そして私は彼を日本浪曼派の母として呼んだ〉（「一つの文學時代」）と書いている。雑誌『日本浪曼派』は『現実』『青い花』『麵麭《パン》』などの同人が参集して活動するが、『コギト』が中心であった。『日本浪曼派』は『コギト』が肥やした土壌に誕生したといってもよい。その〈母〉が編集者肥下恒夫だったのである。

肥下と保田の友情は戦後も続く。肥下日記昭和二十一年五月十三日には、〈セツ子ヨリハガキ来アリ　保田去ル七日《ママ》帰郷シタリト〉と記されている。保田復員帰郷の報は、すぐに大阪瓜《うり》破《わり》の肥下生家に伝えられた。肥下恒夫は同年六月二十三日、日帰りで桜井の保田を訪ねる。〈保田肥エテ健康ニ見ユ〉（肥下日記）との端的な記載が、出征と復員を挟んでも変わらぬ二人の友情をあらわしている。

肥下恒夫と保田與重郎。旧制高校を出て東京帝国大学に進み、やがて日本浪曼派の「母」と「長男」になった二人は、敗戦後復員ののち、ともに帰農した。身の処し方が共通していたのである。〈田《た》ん圃《ぼ》や畑の百姓仕事にも朝から出かけて精を出して励み、不馴れなこととて近所の本当のお百姓の方にいろいろ熱心に問うて教へて貰つてゐた〉と、保田夫人の典子は回想している（「帰農のころ」）。肥下恒夫は〈これからの日本は農業や〉と言い、生家からそう遠くない河内松原の上田地区に小屋を建て、家族で移り住み百姓になった。知識人ではなく農事生活者として戦後の生を刻みだした。日記には〈午前、午后、光子ト共ニ昨日ニ引続キ砂西ノ草取リト谷入レ（手ニテ入レル）七スゲ済ム〉など農耕に関する記載が、以後淡々と続くようになる（澤村修治『悲傷の追想』）。

敗北のときを迎え、信じたものを失い、親しんだ価値観が通じない世界が広がると思えたとき、一農民になるという選択は、同時代のざわめきから離去する生き方として、「誠」をもつ古今のひとの着地点にあった。それは憤りを鎮め、恥辱を心底低く凪とし、度胸を養うための一つの覚悟のかたちであった。そして自然に包まれることで得られる、円環の恢復であった。〈贅沢の否定、勤労と生産の綜合的成果が、真の神祭りであつた。これがわが古道である。古制にして人倫であり倫理である〉（保田與重郎「にひなめ と としごひ」）という思念は、帰農と一《いつ》にして得られる境地であろう。すなわち、「誠」ある敗者にとって、百姓になるというのは、身体を投じて倫理の源に立ち帰る作業でもあった。

そしてまた、農に生きることは、当代の中央に座す権威権力の存在をはるかな遠景とする行為でもある。その感覚を帰農者保田は、〈今でさへ農そのものの生活は、時の権力に阿諛《あゆ》追従《ついしょう》する必要がないのである。それは普通に見る何かの権力と、運命を共にしてゐないからである〉と書き（「農村記」）、また、より激越に、〈ならずものの論理と処生に、己れを投ずることによつて、現世の生活水準の豊裕さが向上してゐる今日の現実に於て、清醇《せいじゅん》の精神は、絶望と没落と、ないし憤怒と嘆息の沼に投じられてゐるのである〉と書いた（「にひなめ と としごひ」）。

このことばは、明治の世があからさまな反国本の途《みち》を歩みだしたと思えたとき、またそれが、悲しき必然の力に押し流されている構図だとわかったときに、西郷の心を占めたとおぼしき想念とどこかで重なってくる。西郷はたとえば、新橋―横浜間の鉄道開業式典で明治天皇とともに横浜駅に立ったとき（明治五年）、文明開化の腕力をはっきり見た。天皇の西国巡幸（同年）に供奉し――かれは黒のフロックコートに太い白帯、両刀差し、青竹の杖を手にした姿で天皇に従った――、宮中の因循に苛立《いらだ》ちながらも、近代化事業の視察と不平士族への安撫を試みたとき、覇道を進む者と滅んでいく者の姿を脳裡に刻み込んだ。西郷は日本人の意識変化を肌で覚った。自分と自分の仲間、「兵」たちがたたかうことで現出した明治の世が、〈生活水準の豊裕さ〉を導いたのは確かである。だが一方で、〈清醇の精神〉を〈憤怒と嘆息の沼〉に投じる所業に至ったことも知った。かれのなかで、寂しさや虚しさの想念は深まっていく。「高踏勇退の癖」がかれを誘う。それは遠からず断行され、西郷は首都を去った。そして、鹿児島で私学校を興すとともに、〈何かの権力と、運命を共にしてゐない〉生き方、農に向かったのである。

吉野開墾社

西郷が参議を辞職して帰国すると、かれを慕う少壮青年たちがこれに従い、軍人や文官を辞して大挙して鹿児島へ帰ってきた。青年たちは地元で悲憤慷慨《こうがい》し、放談豪語しながら虚しく日々を過ごしていた。一部は酒を飲んで闊歩《かっぽ》し、その素行の悪さに地元民は眉をひそめた。激しい戦闘や厳しい軍隊生活を経て故郷に帰ってきた元兵士たちが、かつての緊張感と銃後の安逸の差を埋められず、平時のなかで不満の塊となる姿は古今東西に珍しくない。かれらが荒廃した生活に陥るさまは、映画や文学の題材に事欠かないのである。明治初期の鹿児島もそうした人間の巣となっていた。西郷下野より前に凱旋兵士の一部がそういった存在だったし、さらに西郷下野に従った少壮青年が加わる。このままではいけないと有志が動き、帰還青年たちの指導統御のために設立したのが私学校であった。私学校は西郷隆盛の賛成を得て明治七年六月、旧城の厩《うまや》跡に設立された。形式上、西郷には何らの名目もなかった。しかし、〈多数少壮の青年は西郷の徳風を欽仰《きんぎよう》して集まつた者であり、私学校の隆昌は一《いつ》に西郷の人望によるものであつた〉（昭和十六年九月、鹿児島縣著発行『鹿児島縣史』第三巻）とあるように、事実上の中心は西郷隆盛であった。私学校は銃隊学校と砲隊学校から成り、専門教育のほか漢籍の授業もあった。私学校は次々と分校がつくられ、鹿児島城下から諸郷へと広がった。ここに集った青年たちが、西南戦争のさいの西郷軍主力となったことはよく知られている。西郷軍は「私学校党」といわれたくらいであった。

私学校と前後して、同じ精神のもとに創立したのが賞典学校と吉野開墾社である。こちらは西郷の関わりがより深い。賞典学校は幼年学校（軍士官養成学校）で、その名の通り、西郷をはじめとした旧薩摩藩士で明治政府の要人となった人士の賞典禄によって経費をまかなった。大久保利通の賞典禄千八百石も明治八年度まで提供されている。漢学だけでなく英語やフランス語の授業もあり開明的な学校だった。鹿児島県雇いの外国人教師が出講していたし、欧州への選抜留学の制度もあった。

賞典学校は明治七年六月にできたが、吉野開墾社は遅れて明治八年四月、現在の鹿児島市北部、吉野町寺山に設立された。市街地から遠い台地で、人里離れた僻地《へきち》である。ここに元陸軍教導団《きようどうだん》の生徒が集まり、昼は原野を開墾して米や粟、甘藷《かんしよ》を植え育て、夜は勉学に努める。生徒は百四十から五十人であった。平野正介、児玉実直、永山盛武らが生徒を監督した。

末弟小兵衛《こへえ》への明治八年四月二十六日付書簡で、西郷は、〈今日迄にて惣仕舞《そうじまい》に相成り案外埒《らち》明《あ》き候事なり〉と記しており、開墾社舎屋の建築完成を指すとされる。西郷は開墾場に住居をつくり、生徒たちと一緒に生活しながら率先して農作業をおこなった。農事への専心は開墾社設立以前からあったことは、同年四月五日付大山巌《いわお》宛書簡に、〈当今は全く農人と成り切り、一向勉強いたし居り候〉と書いていることでもわかる。西郷は同書簡でまた、〈初めの程は余程難儀に御座候え共、〉〈農をはじめた頃は難儀でしたが、〉〈只今《ただ》は一日二《ふた》つか位は安楽に鋤《す》き調え申し候〉〈今は一日に二つか〔約一アール〕くらいは安楽に鋤き調えることができます〉と書き、〈もう今はきらずの汁に芋飯《いもめし》食い馴れ候〉〈もう今はおから汁に芋飯という暮らしにも馴れました〉と近況を伝えている。

郷土主義の志向

西郷には農政との関わりが若い頃からあった。弘化元年（一八四四）、満十六歳の西郷は藩に出仕、郡方書役助《こおりかたかきやくすけ》となり初めて公的な役職を持った。農村を廻り徴税などをおこなう下級役人である。上司にあたる奉行が迫田太次右衛門《さこだたじうえもん》で、不公正を憎み、貧者には仁慈厚く接したという。青年西郷の導き手の一人だった迫田については、墓誌銘の一節を引くことで人間性の片鱗をみてみよう。

〈天資高節清廉にして好みて史記を読む、家極めて貧にして壁墜《お》ち檐《のき》破れ雨日は屋漏淋漓《おくろうりんり》防ぐべからず乃《すなわ》ち一隅に避けて危坐《きざ》し毫《ごう》も意に介することなし〉(『旧南林寺由緒墓志』)

壁落ち軒《のき》が破れ、雨漏りする家にあっても貧を意に介することがなく、端座して史記を読み耽っていた迫田の姿は、西郷の倫理観形成に強い影響を与えた。またある年、秋納租《のうそ》のとき横目役(監視役)を務めた迫田は、蔵役《くらやく》の吏員がおこなった過酷な取り立ての所業に怒り、次の和歌を残して立ち去ったという(同)。

〈虫よむし五《いつ》ふし草の根を断つな　たゝばおのれも共に枯れなん〉

迫田は黙認に忍びなかったのだ。〈五ふし草〉は農民、〈虫〉は蔵役の悪吏である。現場吏員の不正に我慢ができなかった迫田、民へは細心ともいえる仁慈をもって接した迫田の態度は、後年、南島時代の西郷が藩の苛酷な砂糖行政を憎み、島民を保護しようとした姿勢とも相通じる。

藩の農政を末端で担った郡方書役助の職は、若き西郷が十年にわたって続けてきた仕事であった。ゆえに農への理解は深まった。西郷隆盛の志向に郷土主義的な、あるいは農本的な特徴が見られるのも、かれが成長の過程で農政家として経験を積み、現場から学んだことが大きく影響している。西郷は農の実態にも、鹿児島の農の事情にもよく通じていた。征韓論に敗れ中央政府を去ったのち帰農していくのは、西郷隆盛にとって、ある意味で自然な道ゆきだった。

「厚徳」政治を求めて

なお、征韓論破裂後の鹿児島帰国組で、帰農したのは西郷だけではない。のちに西南戦争に身を投じて西郷と運命をともにする桐野利秋もその一人である。『西南記傳』(黒龍會本部) 収録の「桐野利秋傳」は次のように記す。

〈利秋の鹿児島に隠退するや、吉田村宇都谷《ウドンダニ》久部山の原野を開墾し、水田四反《たん》余、陸田《りくでん》五反余畝《うね》を開く、利秋、家累《かるい》を携《たずさ》へず、独り吉田に住《じゆう》し、自ら鋤を揮《ふるひ》て開墾に従事し、閑暇《かんか》ある毎《ごと》に老農を会《かい》し、以《もつ》て農桑《のうそう》を勧奨《かんしよう》せしと云ふ〉

かつて幕末の京洛で「人斬り半次郎」の異名を付けられ恐れられた桐野は、孤影の開墾者として野にあった。自ら鋤をもって耕し、水田・畑を拓《ひら》くとともに、近隣の農民に養蚕を勧《すす》める日々を送った。遠くない後年、西南戦争に立ちあがった将兵のなかに、開墾者を経た骨太な男どもが含まれていた事情は、西郷軍が求めていた「厚徳」政治とは何かについて、ひとつの示唆を与えてくれる。

吉野開墾社同人に示すために作った西郷の漢詩〈寄村舎寓居諸君子〉が残されている。明治九年、有志に示したものであった。

躬耕将暁初　何用釣虚誉　壟上練筋骨　灯前照読書　昔時常運甓　今日好揮鋤
更要知真意　只応非種蔬

（躬耕《きゅうこう》は暁《あかつき》を将《もっ》て初《はじ》む、何《なん》ぞ虚誉《きょよ》を釣《つ》るを用《もち》いん。壟上筋骨《ろうじょうきんこつ》を練《ね》り、灯前読書《とうぜんとくしょ》を照《て》らす。昔《せき》時《じ》常《つね》に甓《かわら》を運《はこ》び、今日《こんにち》好《この》んで鋤を揮《ふる》う。更《さら》に真意《しんい》の知《し》るを要《よう》す、只応《ただまさ》に蔬《そ》を種《う》うるのみに非《あら》ざるべし。）

「夜明けとともに野に出て耕作をはじめるのは、名誉の虚しさを追うことから離れた質実の行為である。田のなかで筋骨を養い、夜になれば燈火の下で読書をする。かつて晋の陶侃《とうかん》が体を鍛えるため瓦《かわら》を運んだように、きみたちはまさに今日、好んで鋤を揮うとよい。そして耕作には知るべき真の意味があり、蔬菜《そさい》を育てるときもそれを把握するに努めよ。」

野に暮らし、野鄙《やひ》の牛に質実を求める西郷の思いが、この詩から篤《あつ》く伝わってくる。かつて陸軍教導団員だったわが生徒諸君よ、とかれは語りかけた。列強の干渉を排し日本人の手で統一国民国家を打ち立てる力の中心となった武職者が、もの静かに語りだしたのである――開墾者として自らの心身を鍛えよ、来たるたたかいに備えるためにも――と。

帰郷した西郷が吉野開墾社の事業に積極的だったことは、たとえば、知己だった真影《しんかげ》流の剣士・山内甚五郎宛に、国分大根の種を求めた書簡が残っていることからもわかる（明治八年七月十九日付）。

〈昨年は当所において相求め候処《そうろうところ》全く国分大根にてはこれなく、種類相違い、十分手入れいたし候詮《せん》も御座《ござ》なき次第にて、もふは出処不慥《ふたし》かにては相済まざる事と決定いたし候仕合いに御座候間《あいだ》、何卒御世話成し下されたく希《ねが》い奉《たてまつ》り候。〉

（昨年当所で得たものは求めていた国分大根ではなく、種類が違うため、充分な手入れをしたもののうまく育ちませんでした。今年は出所の不確かな種ではいけないとみんなで決めたので、何卒お世話をして頂きたく願い上げます。）

この書簡には、西郷が自ら生育の実際を細やかに検分していた様子、また、開墾社の指導者や生徒たちと語り合って事を決めていた有りさまが垣間見える。武士はもともと農民である。農作業に汗を流し、ときが来ればたたかう存在であった。とりわけ薩摩武士は、城下町に住んで藩政を担う城下士と比べ、日頃は農民として暮らす郷士の比率が高い。農に還るというのは、故郷のひとびとにとっても自然な行為であり、都を離れた武職者西郷にとって真率な、意味ある行為であった。耕作者に追従は無用である。正直ならばそれでよい。四季の悠然たる移りゆきのなかで農を営むことは、ほかのどの暮らしより、はるかにかれに親和的だった。

「近代」のかがやきとまぶしさに充ちようとしていた首都から、西郷は断然去った。そして、故郷の山野に在って還農した。かれは暁とともに起きて耕し、夕べは読書に親しむ暮らしを対置することで、皮膚感覚で捉えた「近代」の悪に対峙しようとしていたのではないか。〈生活水準の豊裕さが向上してゐる〉なかで、〈憤怒と嘆息の沼に投じられてゐる〉〈清醇の精神〉。開墾者に生きることで、西郷は、その恢復に賭けたのである。こうしたかれの姿は、明治政府への確乎たる叛心に繋がっていく。西郷が、桐野が、そして私学校や開墾社の同人・教師たちが起義行軍する日は遠くない。西南戦争の開戦は書簡から一年半後であった。

永遠の構想者

短い期間で吉野開墾社は終わった。この短さは、西郷に猛勇の精神を発揮させ欣快の充実を思わせるには一定足りたが、不満や焦燥を芽生えさせるには足りない時間だった。開墾社の活動が西郷の理想の終着点であり、天地自然の理《ことわり》に従い、生命原理の恢弘《かいこう》をもたらした、というのは、これではむずかしかろう。一農村人の位置から愛郷心、愛国心を見出し、国本に基づく系統立った教養をもつ保守派になろうとした保田與重郎は、やがて農から離れた。都市近郊にあって田園生活の変化にさらされた肥下恒夫は自裁の道を辿った。「近代」にあっては、農村人も経済や利潤の歯車のなかに軋《きし》む場合が珍しくない。肥下と保田が一農民という生き方に蹉跌したように、西郷にも遠からず、農の生産生活に幻滅する日がやってきたのかもしれない。「近代」の門が開かれ、農の世界にも俗気が忍び込んでくるのは時間の問題であった。

それをふまえ改めて記す。かれの理想がどこへ向かい、どこに帰着するのかは重要ではない。むしろ大事なのは、かれが一切の希望をはるか彼方で構築しようとしていた、その思想態度のほうである。西郷は「天理」の古《いにしえ》を、人の道を、共同生活の調和感覚を、ひとえに構想せんとした。それが永遠に実現しないとわかっていながら、永遠に追い求めようとした。その功（実践力）の巨大さこそ西郷の偉大である。かれは「敬天愛人」の精神で世界とひとびとに接した。しかし同時に、苦難と争乱は人類史からなくなることはないと醒めた視線を未来に投げかけてもいた。絶望と死と、異様な終末を体感してもいた。この明暗こそ、後年、江藤淳に〈敗者を威圧するために現われた米国太平洋艦隊の艨艟《もうどう》〉を見ていた西郷の姿（『南洲残影』）を想起させ、また三島由紀夫に〈西南の役のやうなほとんど無償の行動を促す遠い原動力〉を想起させた（「革命の哲学としての陽明学」）淵源であり、真因といえるのではないか。

かれの矛盾の相は、強兵こそ国家自立の必然と認識し、歴史の転換点で決然とした武人であった西郷像と、たとえば新渡戸稲造によって描かれた西郷像——武士道を〈非闘争的非抵抗的なる柔和〉の高みまで達せしめた人間、〈自然宗教もいかに深く啓示宗教に接近しうるかを吾人に示〉した武士のなかの武士——という像（『武士道』矢内原忠雄訳）、これら双像に、矛盾の整合を成して結びつく。

邪推の心理うすき西郷は、むしろ素直に、自己を鼓舞するものがいずれ喪失するとわかっていた。吉野開墾社にあり土に生きた西郷もやはりそうした西郷であった。自らがひとびとの勢いをまとめることで開いた「近代」に、肝心の西郷は、いつも立ち竦《すく》むだけだった。佇《たたず》むだけであった。風波のようにかれを襲い、かれを浸《ひた》すのは、すべての色調を暗転させる無常の思いである。幾度も高踏的に勇退し、死に癖に囚われた西郷は、波瀾の人生の最終期に辿り着き、同世代のどんな志士・維新者も到達できぬほどの、無常の深甚に触れていたのである。

そして、わたしたちはさらに思わねばならない。かれは無常のなかにあって、なおも祈っていたのだ、と。それは静的な行為ではない、動的にして律動的である。兵火のために失われたものを悲傷のなかで思い、理想が虚しくなった新時代を茫然と見つめつつ、かれは尚以《なおもっ》て〈清醇の精神〉を求めた。その在処《ありか》をつかもうと努め、行動した。無常のなかの将軍は、無常の深《じん》重《じゅう》を日夕《にっせき》のなかに覚《さと》りながら、それでも、次世代の若者に健全なる精神を示さんとし、自らも筋骨の業に、汗の業に邁進した。これは誰が何と云おうと貴重なことである。いま、〈憤怒と嘆息の沼〉に沈んだまま遠くなったのは、西郷という幻影であろうか。そうなのかもしれない。

しかし、幻影を見つめることがまた、すべてのはじまりかもしれないのである。

おわりに
──「児孫の為に美田を買わず」について

茫洋とした大身を擁しながら、そして、武門の長子として生まれながら、南洲《なんしゅう》西郷隆盛は、元来細やかな心を持っていた。尚武の気風と惻隠の情をあふれんばかりに宿したが、おおむね内に秘めるばかりで、日頃のかれは口数少ない静寂人だった。物腰は柔らかく丁重であった。これらは本書でたびたび触れている。そしてかれは倫理的であろうといつも身を誡《いまし》め、武門人の理念形を高く保持しようと努めていたのである。長男として家の守りをたえず気にしていたし、取り立ててくれた藩主には心底から尽くした。

そして、かれには陰謀は無縁だった。政治的局面で陰謀めいた役割を結果として担ったことはないではなかったが、かれはそうした魔術を得手とする気持ちがなかったし、かれに出会って魔術のほうが逃げ出すといった人間であった。東洋的な観念を使って「仁の人」「道義の人」などと言ってしまうと、なにやら中間的なニュアンスを切り捨ててしまう危うさがある。そうした一言では言い切ってはならぬ、より普遍的な説明ができるほど純度高い人間に鋳造されたのがかれであった。年少期から城山の最期まで、かれの生涯に頻繁にみられる特徴的な肖像は、陰険な人間を嫌い、素直で純真な若者を好むすがたであった。何故そうした「好み」を見せるのか。いうまでもない、かれの純心が触れあうからである。

かれは終末近い動揺期とはいえ封建の世に生を享《う》け、武門人の正邪感覚と儒教倫理を叩き込まれながら精神を育《はぐく》んだ。臆病をなにより恥じ、虚飾を排し実質を求めた。自尊こそ本義である、礼節を忘れるな、義の心を持て、孝のつとめを怠るな、そしてなにより、君公への忠に生きよ。西郷はその優等生にならんと努力した。その意味ではきわめて凡庸な、「前近代」を克服できない武門人のひとりであった。近代人へと早くに脱皮した個我人からすれば、対極にある身綺麗すぎる人間であった。

そしてかれは良い意味の野鄙《やひ》な人でもあった。都の風に吹かれる生き方をまともとは思っていなかった。かれは徳川政権側の事大主義をしばしば虚仮《こけ》にしたし、天皇や公家の惰弱で政治的過ぎる、いわゆる長袖者《ちょうしゅうしゃ》流《りゅう》もまた軽蔑の対象であった。

そしてかれは、人の上に立つものが贅沢に耽《ふけ》ることを極度に嫌った。潔癖すぎるといえばそうかもしれない。清濁併せ呑むを是とする人間観からすれば、かれは片翼人である。しかしかれからすれば、「清濁併せ呑む」態度などは、結局のところ、自己保存の企みにしか見えなかった。少なくともかれ生来の「好み」でなかったのは確実である。明治時代初期、最重要の参議となり、いまでいえば首相と変わらぬ立場にあったときでも、東京の西郷宅はみすぼらしいといえるほど質素だった。あるとき一人の客が西郷を訪ねると、かれは家人や従者たちと一緒に大きな手桶を囲み、そこに冷やしてある蕎麦を食べているところだった。これは内村鑑三『代表的日本人』が伝える逸話である。仲間と一緒に手桶の蕎麦を食う。それが愉しかった。こうした質素な生活態度が、朝野いずれにあっても変わらなかった。国政を担う参議だろうが、故郷の村で一農民として生きる場合であろうが。徳川封建下にあろうが明治新時代であろうが。あたかも戦場で将兵が一緒に飯を食うように、家族や一緒の仲間となごやかに食事をともにするのが、毎日のかれにとって自然なことであり、ゆかしくも面白きことだったのである。

他人がそれをどう見るかなどは興味がなかった。〈人を相手にせず、天を相手にせよ。天を相手にして、己を盡《つく》し《し》て人を咎《とが》めず、我が誠の足らざるを尋ぬべし〉（「南洲遺訓《いくん》」）、これこそが南洲なのである。公共的な正義観念をさし示す「天」と対話し、概念ではなく行動によってその意をつかむよう努めた。それが満ち足りた人生のための、ひとすじの道、歩むべき行路であった。

西郷南洲はまた、封建の世を覆すラディカルな発想とは無縁だったが、平等というものを重んじた。それは政治的平等でも社会的平等でもない。いわば倫理的平等である。惻隠の情を寄せ、苦しみに寄り添うとき、相手の貴賤上下は一切関係がない。こうした態度は、変革者西郷のもとへと人心を集める決定的理由になった。

明治維新が成されたあと、「立国の功労者」として扱われることに、かれは絶えずもの寂しさと反撥心のない交ぜになった姿勢を示した。優秀な人材がみんな死んでしまったので、自分が持ち上げられたにすぎないのだよ、と周囲に説明する西郷は、謙虚というのでもない、ほんとうに自分は大したことのない凡才だと訴えていたのである。〈順聖公の召し仕えられ候との趣、世間に相響《あいひび》き居り此のものが帰りたら、決して事柄も変ろうと、あてに相成り候塩梅にて〉（島津斉彬《なりあきら》公が取り立てた人物だからと世間に名が響き、この者が帰ってきたら事態を変えてくれると、あてにされているのだが）、〈余り高く直段《ねだん》を付けられ込《こま》り切りたる事に成り立ち候〉（あまり高い値段を付けられて困り切ったことになっている）という西郷のことばがある（文久二年七月末頃、木場伝内宛書簡）。期待ばかり大きくなることにかれは戸惑っている。そんなに〈高く値段を付け〉てくれるな、と困惑しているのである。

かれは郷の青年たちとともに成長し、地域の行事に関わり、やがて年老いていく静穏の生を心底では望んでいた。世になじまぬ奇人と多少は思われても、そんなことは構わない。田舎の一隅で犬を飼い温泉につかり、耕作をしながら在郷武士の一人として与えられた生涯を全うしたかったはずである。それが、ひょんなことから、政治の中心舞台で主演者ともいうべき立場を演じさせられた。

西郷は、自分に人心が集まり指導者となってしまうのを、いつも重荷としてとらえていた。そうでないと、かれがときに鋭く断行した離去的行動は説明がつかない。西郷の戸惑いと、その背後にある憂鬱、ときに膨らむ人間不信、理想は虚しく消えることを見抜いた醒めた焔《ほのお》は筋金入りだと筆者は見たいのである。〈やつは敵である。敵を殺せ。〉に繋がる権力の魔に体質的にも馴染《なじ》めないものを持ち、それでもひとびとを率いる指揮者《コンダクター》に結果として成り、かれはその役割を全うした。

かれは英雄ではない。むしろ英雄扱いなど御免だというほど及び腰の人間であった。かれは政治に向かない自分を懐疑したまま、結果として、最も先鋭的で最も歴史的な政治行為をなした。この両義性ゆえに、かれの肖像は語るべき重要性をどこまでもたたえている。

時代を隔てた世にあっても、西郷が示した透明性は不思議な後味を私たちに与え続けている。かれは回天を成したが、続く守成の大仕事を成すには余りにも透明度が高かった。結局のところ西郷は、廃墟に立つ人物像としかなりえないのかもしれない。かれが良しとする政治なり国家は、人間の個我がふてぶてしい存在力をもつ以上、はじめから失われていたのかもしれないのである。

しかし、それがどうしたというのだ。かれが結果として廃墟に行き着いたとしても、わたしたちは、そこを訪ねて寂しく膝を抱えるばかりではない。少なくとも廃墟に立ちすくみ、夢のあとを想うことはできる。懐かしみ、「思い出す」ことはできる。ここにかれをめぐるひとびとが集まり、鬨《とき》の声をあげたとか、夕景を見つめていたはずだとか、あるいは、たたかいに出た者の従容たる死をみんなで悼んだとか、その葬送の日もここに可憐な花が咲いていたはずだと、想うことはできる。幻を追い、悲哀に浸ることはできる。そうすることが無意味であるはずはない。

西郷隆盛という人間を、日本は永遠に失ったのかもしれない。似而非《エセ》の類はともかく、もはやかれを再来させないような世の中を、わたしたちは寄って集《たか》って、作りあげてきたのである。いま、大久保利通的才了はいる。山縣有朋《やまがたありとも》的巧者もいる。次々と人材は供給されており、それら才子巧者によって、時代の病に対する百の処方箋が切られる。けれども、いま、わたしたちがひそかに待ち望むのは、百人の「大久保」「山縣」ではなく、一人の「西郷隆盛」ではないか。それは失われ、もう取り戻せないと、痛切にわかっていても、である。

本書もようやく筆を擱《お》くときがきた。終着にあたり、西郷テクストのなかで最も広く賞味される一作を、挙げておかねばなるまい。

幾歴辛酸志始堅　丈夫玉砕愧甎全　我家遺事人知否　不為児孫買美田

（幾《いく》たびか辛酸《しんさん》を歴《へ》て　志《こころざし》始《はじ》めて堅《かた》し、丈夫玉砕《じょうぶぎょくさい》し甎全《せんぜん》を愧《は》ず。我が家の遺事《いじ》人《ひと》知るや否《いな》や、児孫《じそん》の為《ため》に美田《びでん》を買わず。）

詩そのものについて言立《ことだて》の要はもはやなかろう。本書の関心は関連する逸話のほうである。薩摩藩士中井弘《ひろし》は、幕末期に後藤象二郎らの支援で渡英した武士として知られ、維新後は京都府知事などを務めた。ある日かれのもとに西郷党の永田休之丞が訪れた。永田は「西郷先生から詩を書いてもらった」と自慢げに見せた。中井はドレドレとそれを読む。上記〈児孫の為に美田を買わず〉の漢詩であった。

たちまち中井は首を傾《かし》げた。「こんな莫迦《ばか》なことがあるものか」

そして、永田に向かってこう断じた。「西郷の家のことは、俺がよく知っている。武村《たけむら》に立派な土地があるよ。あれでも美田を持たず、というのか？」

むっとした永田は挨拶も早々に辞去してしまう。そして中井の謂《いい》を西郷本人に話してしまったのだ。

後日、中井は西郷に会った。お互い、気まずかったであろう。しかし、西郷はあっけらかんとしていた。かれはこう言い放った。

〈オハンな、先達《せんだつ》て強《きつ》う私が事を悪る云《わい》やつたさうだが、私は元来詩は拙手《へた》ぢやつで〉

伊藤仁太郎『快傑伝』が伝える話である。もとより些事にすぎない。しかし筆者はこの話を好む。含羞をたたえて語る西郷が、なにやら眼前にいるかのごとく思えるからだ。詩的精神を持つ者であるにもかかわらず、「俺は詩が下手だから」で茶目に終わらせる。〈美田を買わず〉のこうしたどんでん返しこそ、かれの自在をあらためて告げ、本書の結びにふさわしい。

◆

これまでの著書と同じく、この本も、多くの人の助けを得て世に送り出されることになった。元になる論考の公表にさいしては、西部邁顧問、富岡幸一郎編集長、黒鉄ヒロシさん、芦澤泰偉編集委員をはじめ『表現者』の方々のただならぬご厚意を受けた。自在に書かせてくれたうえに、節目節目で激励と示唆の言葉を頂戴し、それらはすべて本書成立の糧になっている。

とりわけ西部先生にはひとかたならぬお世話になった。幕末明治の日本が混沌とした歴史変動のなか自立的な国家を形成しえたのは、やはり国民にあった意地のようなものと、意地を統《す》べる人間がいたからであろう。人心収攬はひとえに人格の力である。その生きた肖像のひとりといえる西部さんと、酒場を含めた場でくり返した対話は他に代えがたい機会となり、本書の成り立ちを支えている。

そして、書籍化にさいしては、幻冬舎新書・小木田順子編集長が多大なるお骨折りをしてくださった。いくつかの点で反時代的といえ、その意味で扱いやすいとはいえない本作を見出し、読者に届ける労をとっていただき感謝にたえません。

西郷隆盛は終わりなき歴史の問いである。過去から未来へと南洲理解の襷《たすき》を繋ぐ小さな走者に、本書はなりえたのであろうか。お読みくださった方々に深く御礼いたします。

平成二十九年（二〇一七）晩夏

澤村修治

引用・参照参考文献

＊刊行年は和暦とした

＊基本資料

西郷隆盛全集編集委員会 編纂『西郷隆盛全集』全六巻（大和書房、昭和五十一〜五十五年）

『大西郷全集』全三巻（大西郷全集刊行会、発売 平凡社、大正十五〜昭和二年）

山田済斎 編『西郷南洲遺訓：附 手抄言志録及遺文』（岩波文庫、昭和十四年）

楢崎隆存 編『南洲遺稿』（北尾禹三郎、明治十年）

秋月種樹 編『南洲手抄言志録』（研學會出版、明治二十一年）

土居十郎 編『南洲翁遺訓』（阪本武雄、明治二十四年）

＊史伝・回顧録・聞き書き

勝田孫彌『西郷隆盛傳』全五巻（西郷隆盛傳發行所、明治二十七〜二十八年）

勝田孫彌『大久保利通傳』上中下（同文館、明治四十三〜四十四年）

川崎三郎（紫山）『西郷南洲翁逸話』（磊落堂、明治二十七年）

内村鑑三『代表的日本人』（鈴木俊郎 訳、岩波文庫、昭和十六年）

内村鑑三『代表的日本人』（鈴木範久 訳、岩波文庫、平成七年）

新渡戸稲造『武士道』（矢内原忠雄 訳、岩波文庫、昭和十三年）
鹿児島市役所 編『舊南林寺由緒墓志』（鹿児島市役所、大正十三年）
田中安太郎『月照上人傳』（発行印刷 田中安太郎、明治二十七年）
春山育次郎『月照物語』（書肆 夏汀堂、昭和二年）
有馬純雄（藤太）編著『維新史の片鱗』（日本警察新聞社、大正十年）
入江貫一『山縣公のおもかげ』（博文館、大正十一年）
德富猪一郎（蘇峰）『西郷南洲先生』（民友社、大正十五年）
伊藤博文 述『伊藤公直話』（小松緑 編、千倉書房、昭和十一年）
伊藤仁太郎（痴遊）『快傑傳』（平凡社、昭和十年）
雑賀博愛『大西郷全伝』全五巻（大西郷全伝刊行会、昭和十二～十四年）
重野安繹「西郷南洲逸話」（薩藩史研究会 編、雄山閣『重野博士史学論文集』下巻、昭和十四年、収録）
田中惣五郎『大西郷の人と思想』（今日の問題社、昭和十八年）
河野辰三 編著『追遠：横山安武伝記並遺稿』（横山安武伝記並遺稿刊行会、昭和四十六年）

＊西南戦争および軍関係

参謀本部陸軍部編纂課 編『征西戰記稿』第六十五巻（陸軍文庫、明治二十年）
黑龍會本部 編『西南記傳』上中下（黑龍會本部、明治四十一～四十四年）
加治木常樹『薩南血涙史』（薩南血涙史發行所、大正元年）

毛利敏彦『明治六年政変』（中公新書、昭和五十四年）
金子常規『兵器と戦術の日本史』（原書房、昭和五十七年）
戸部良一『逆説の軍隊』（日本の近代9、中央公論社、平成十年）
半藤一利・横山恵一・秦郁彦・原剛『歴代陸軍大将全覧 明治篇』（中公新書ラクレ、平成二十一年）
川道麟太郎『西郷「征韓論」の真相：歴史家の虚構をただす』（勉誠出版、平成二十六年）

＊陽明学関係

王陽明『伝習録』（溝口雄三 訳、中公クラシックス、平成十七年）
井上哲次郎『日本陽明學派之哲學』（冨山房、明治三十三年）
春日精之助 編『春日潜菴傳』（明治三十九年）
春日潜菴『陽明學眞髓』（編纂兼發行者 春日昇一郎、明治四十四年）
相良亨・溝口雄三・福永光司 編『佐藤一齋・大鹽中齋』（日本思想大系46、岩波書店、昭和五十五年）
宇野哲人『中国思想』（講談社学術文庫、昭和五十五年）
『大学』（宇野哲人 訳、講談社学術文庫、昭和五十八年）
『書経』上下（加藤常賢・小野沢精一、新釈漢文大系25・26、明治書院、昭和五十八・六十年）
『孟子』（貝塚茂樹 訳、中公クラシックス、平成十八年）

＊南島関係

笹森儀助『南島探験』（明治二十七年）
土持政照 述『西郷隆盛謫居事記』（鮫嶋宗幸 記、明治三十一年）
昇曙夢『奄美大島と大西郷』（春陽堂、昭和二年）
伊波普猷『沖縄よ何處へ：琉球史物語』（世界社、昭和三年）
脇野素粒『流魂記：奄美大島の西郷南洲』（復刻版、大和学芸図書、昭和五十二年）
松浦武四郎『蝦夷日誌』上下（吉田常吉 編、時事通信社、昭和五十九年）

＊維新史関係

板垣退助 監修『自由黨史』上巻（五車樓、明治四十三年）
山口縣教育會 編『吉田松陰全集』第九巻（岩波書店、昭和十年）
鹿兒島縣 著発行『鹿兒島縣史』全四巻＋別巻（昭和十四〜十八年）
勝海舟『氷川清話』（江藤淳・松浦玲 編、講談社学術文庫、平成十二年）
宮地佐一郎 編『龍馬の手紙：坂本龍馬全書簡集・関係文書・詠草』（講談社学術文庫、平成十五年）
佐々木克 監修『大久保利通』（講談社学術文庫、平成十六年）
福沢諭吉『文明論之概略』（松沢弘陽 校注、岩波文庫、平成七年）
牧野伸顕『回顧録』上下（中公文庫、昭和五十二〜五十三年）
毛利敏彦『明治六年政変の研究』（有斐閣、昭和五十三年）

松本健一『開国・維新：１８５３〜１８７１』（日本の近代1、中央公論社、平成十年）
坂本多加雄『明治国家の建設：１８７１〜１８９０』（日本の近代2、中央公論社、平成十一年）
坂野潤治『西郷隆盛と明治維新』（講談社現代新書、平成二十五年）

＊評論・随想・小説

押川春浪『東洋武侠團』（文武堂、明治四十年）
『芥川龍之介全集』２（ちくま文庫、昭和六十一年）
林房雄『青年』（中央公論社、昭和九年）
林房雄『壮年』（第一書房、昭和十一年）
林房雄『西郷隆盛』全十一巻（創元社、昭和十五〜二十三年）
『小林秀雄全集』第十二巻（新潮社、平成十三年）
河上徹太郎『吉田松陰：武と儒による人間像』（文藝春秋、昭和四十三年）
『河上徹太郎著作集』第二巻（新潮社、昭和五十六年）
葦津珍彦「禁門の変前後」（思想の科学研究会 編『共同研究 明治維新』収録、昭和四十二年）
三島由紀夫「銅像との對話：西郷隆盛」（『産経新聞』〈夕刊〉昭和四十三年四月二十三日付）
三島由紀夫「革命の哲学としての陽明学」（文藝春秋『諸君！』、昭和四十五年九月号）
福田恆存『人間・この劇的なるもの』（中公文庫、昭和五十年）
島尾敏雄『出発は遂に訪れず』（新潮社、昭和三十九年）

中原思郎『兄中原中也と祖先たち』（審美社、昭和四十五年）
江藤淳『海舟余波：わが読史余滴』（文藝春秋、昭和四十九年）
江藤淳『南洲残影』（文藝春秋、平成十年）
司馬遼太郎『翔ぶが如く』全十巻（文春文庫、昭和五十五年）
エドマンド・バーク『フランス革命についての省察 ほか』ⅠⅡ（水田洋・水田珠枝 訳、中公クラシックス、平成十四〜十五年）
澤村修治『悲傷の追想：『コギト』編集発行人、肥下恒夫の生涯』（シリーズ知の港1、ライトハウス開港社、平成二十四年）

初出一覧

本書の各章は『表現者』（西部邁《すすむ》事務所編集）の左記掲載作（五十四号までジョルダン株式会社、五十五号以降MXエンターテインメント発行）を初出とする。なお収録にさいしては表題を改め加筆を付した。

第一章　城山残兵記――南洲虹滅の日　五十六号（平成二十六年九月号）
第二章　暗夜を憂ふる勿れ――武職者西郷隆盛（上）　五十三号（同三月号）
第三章　「真空」からの出立――武職者西郷隆盛（下）　五十四号（同五月号）
第四章　「思い出」のために――南洲弔文論　五十五号（同七月号）
第五章・第六章　名残の狂言に戦《いくさ》がしたい――南洲南島論　五十七号（同十一月号）
第七章　無常のなかの将軍　五十八号（平成二十七年一月号）

引用中の表現については、今日的観点からは疑問の余地のあるものがみえるが、史料の価値を前提に精確なものとした。読者のご賢察を願うものである。

著者略歴

澤村修治《さわむらしゅうじ》

一九六〇年東京生まれ。千葉大学人文学部卒業後、出版社に勤務し、新書・選書の編集長などを経る。二〇一〇年より評伝と評論で著書を発表。文藝評論家、帝京大学文学部非常勤講師。日本近代文学関係書に『徳田秋聲、仮装と成熟』『悲傷の追想』『宮澤賢治、山の人生』ほかが、日本近代史を扱ったものに『天皇のリゾート』ほかがある。児童書に『宮澤賢治のことば』『八木重吉のことば』があり、ともにSLBAの選定図書。近著は『唐木順三――あめつちとともに』(ミネルヴァ書房)。

幻冬舎新書 466

西郷隆盛
滅びの美学

二〇一七年九月三十日 第一刷発行

著者 澤村修治
発行人 見城 徹
編集人 志儀保博

発行所 株式会社 幻冬舎
〒一五一-〇〇五一 東京都渋谷区千駄ヶ谷四-九-七
電話 〇三-五四一一-六二一一(編集)
〇三-五四一一-六二二二(営業)
振替 〇〇一二〇-八-七六七六四三

ブックデザイン 鈴木成一デザイン室
印刷・製本所 株式会社 光邦

検印廃止
万一、落丁乱丁のある場合は送料小社負担でお取替致します。小社宛にお送り下さい。本書の一部あるいは全部を無断で複写複製することは、法律で認められた場合を除き、著作権の侵害となります。定価はカバーに表示してあります。
©SHUJI SAWAMURA, GENTOSHA 2017
Printed in Japan ISBN978-4-344-98467-7 C0295
さ-19-1

幻冬舎ホームページアドレス http://www.gentosha.co.jp/
*この本に関するご意見・ご感想をメールでお寄せいただく場合は、comment@gentosha.co.jp まで。

幻冬舎新書

河合敦
吉田松陰と久坂玄瑞
高杉晋作、伊藤博文、山県有朋らを輩出した松下村塾の秘密

吉田松陰が松下村塾で指導した期間は二年にも満たないのに、なぜこれほど多くの偉人が生まれたのか。松陰の妹を妻とした久坂玄瑞との愛憎に満ちた師弟関係を解き明かしながらその秘密に迫る。

河合敦
岩崎弥太郎と三菱四代

坂本龍馬の遺志を継ぎ、わずか五年で日本一の海運会社を作り上げた岩崎弥太郎とその一族のビジネス立志伝。彼らはなぜ、短期間で巨万の富を築き、財界のトップに成り上がることができたのか？

鈴木由紀子
最後の大奥　天璋院篤姫と和宮

十三代将軍家定に嫁いだ篤姫と十四代家茂の正室皇女和宮。対立していた嫁姑が、徳川家存続のためともに動きだす。終焉に向かう江戸城大奥で無血開城を実現させた女性を通じてひもとく、明治維新の裏表。

榎本秋
歴代征夷大将軍総覧

元々は蝦夷を討伐する軍団の長に過ぎなかった征夷大将軍が、なぜ約七〇〇年間にもわたって、日本の統治者であり続けたのか。総勢四八人の将軍たちが歩んだ、強権と傀儡の中近世史。

幻冬舎新書

山村竜也
幕末武士の京都グルメ日記
「伊庭八郎征西日記」を読む

隻腕の武士・伊庭八郎が、将軍・家茂の京都上洛に帯同した際に記した「征西日記」の全文を現代語訳し詳細に解説。京都グルメに舌鼓を打つ幕末武士のリアルな日常が実感できる稀有なる一冊。

山田雄司
忍者はすごかった
忍術書81の謎を解く

黒装束で素早く動き、手裏剣で敵を撃退する……そんな忍者のイメージはフィクションだった！　「酒、淫乱、博打で敵を利用せよ」など忍術書の教えから、本当の姿を克明に浮かび上がらせる。

齋藤和紀
シンギュラリティ・ビジネス
AI時代に勝ち残る企業と人の条件

AIは間もなく人間の知性を超え、二〇四五年、科学技術の進化の速度が無限大になる「シンギュラリティ」が到来――既存技術が瞬時に非収益化し、人も仕事を奪われる時代のビジネスチャンスを読み解く。

深沢真太郎
数学的コミュニケーション入門
「なるほど」と言わせる数字・論理・話し方

仕事の成果を上げたいなら数学的に話しなさい！　定量化、グラフ作成、プレゼンのシナリオづくりなど、「数字」と「論理」を戦略的に使った「数学的コミュニケーション」のノウハウをわかりやすく解説。

幻冬舎新書

藤えりか

なぜメリル・ストリープはトランプに噛みつき、オリバー・ストーンは期待するのか

ハリウッドからアメリカが見える

トランプ政権誕生と反エスタブリッシュメントのうねりにより、大きく揺らぐハリウッド。ハリウッドは、アメリカは、どこへ向かうのか——話題の映画の背景と監督・俳優らの肉声から時代の深層に迫る。

黒鉄ヒロシ

もののふ日本論

明治のココロが日本を救う

幕末・明治の日本は、白人の価値観で世界を蹂躙しようとする欧米列強に屈せず、「士（もののふ）」精神と和魂洋才の知恵で維新を成し遂げた。日本人よ今こそ明治の精神に学べ。歴史漫画の鬼才による渾身の日本論。

川上徹也

一言力《ひとことりょく》

「一言力」とは「短く本質をえぐる言葉で表現する能力」。「要約力」「断言力」「短答力」など「一言力」を構成する7つの能力からアプローチする実践的ノウハウで、一生の武器になる「一言力」が身につく一冊。

佐々木閑　大栗博司

真理の探究

仏教と宇宙物理学の対話

仏教と宇宙物理学。アプローチこそ違うが、真理を求めて両者が到達したのは、「人生に生きる意味はない」という結論だった！　当代一流の仏教学者と物理学者が縦横無尽に語り尽くす、この世界の真実。

幻冬舎新書

悟らなくたって、いいじゃないか
普通の人のための仏教・瞑想入門
プラユキ・ナラテボー　魚川祐司

出家したくない、欲望を捨てたくない、悟りも目指したくない「普通の人」は、人生の「苦」から逃れられないのか？　「普通の人」の生活にブッダの教えはどう役立つのか？　仏教の本質に迫るスリリングな対話。

賞味期限のウソ
食品ロスはなぜ生まれるのか
井出留美

卵は冬場なら57日間（産卵日から）生食可！——まだ食べられる食品を大量に廃棄する「食品ロス」大国・日本。小売店、メーカー、消費者、悪いのは誰なのか。食品をめぐる「もったいない」構造にメスを入れる。

文学ご馳走帖
野瀬泰申

志賀直哉『小僧の神様』で小僧たちが食べた「すし」とは？　夏目漱石『三四郎』が描く駅弁の中身とは？……文学作品を手がかりに、日本人の食文化がどう変遷を遂げてきたかを浮き彫りにする。

重力波とは何か
アインシュタインが奏でる宇宙からのメロディー
川村静児

一九一六年にアインシュタインが存在を予言。彼の数々の予言のうち、最後まで残った宿題「重力波」が、百年かかってついに観測された。重力波が観測できると、宇宙のどんな謎が解けるのか？　第一人者が解説。

幻冬舎新書

辻田真佐憲
大本営発表
改竄・隠蔽・捏造の太平洋戦争

日本軍の最高司令部「大本営」。その公式発表は、戦果を5倍、10倍に水増しするのは当たり前。恐ろしいほどに現実離れした官僚の作文だった。今なお続く日本の病理。悲劇の歴史を繙く。

杉崎泰一郎
沈黙すればするほど人は豊かになる
ラ・グランド・シャルトルーズ修道院の奇跡

机、寝台、祈禱台のほか、ほとんど何もない個室で、一日の大半を祈りに捧げる、孤独と沈黙と清貧の日々——九〇〇年前と変わらぬ厳しい修行生活を続ける伝説の修道院の歴史をたどり、豊かさの意味を問う。

堀江宏樹
三大遊郭
江戸吉原・京都島原・大坂新町

粋の吉原、格式の島原、豪華さの新町。三大都市に存在した官許の遊郭を比較しつつ、女たちの手練手管、遊郭ビジネスの仕組み、公認以外の花街などを現代的な感覚で解説した遊女・遊郭論。

山村竜也
真田幸村と十勇士
猿飛佐助／霧隠才蔵／三好清海入道／三好為三入道／由利鎌之助／穴山小助／海野六郎／望月六郎／筧十蔵／根津甚八

真田幸村はなぜ、これほどまでに日本人に愛されるのか。その流転に満ちた武将人生を辿りながら、没後、軍記物語として語り継がれた「真田十勇士」の誕生秘話を、列伝形式で解き明かす。